자기개발의 선구자

신사임당

자기개발의 선구자 신사임당

1판 1쇄 인쇄 | 2017년 1월 10일
1판 1쇄 발행 | 2017년 1월 15일

지은이 | 박근영
펴낸이 | 이현순

펴낸곳 | 백만문화사
출판신고 | 2001년 10월 5일 제2013-000126호
주소 | 서울특별시 마포구 독막로 28길 34(신수동)
대표전화 | (02) 325-5176 **팩스** | (02) 323-7633
전자우편 | bmbooks@naver.com
홈페이지 | http://www.bm-books.com

ISBN 978-89-97260-81-2(03320)
값 13,000원

자기개발의 선구자

신사임당

박근영 지음

백만문화사

자기개발의 선구자,
신사임당

사임당은 강원도 강릉의 북평촌, 지금은 강원도 강릉시 죽헌동에 있는 오죽헌에서 태어나고 자랐다.

사임당의 본명은 전해지는 바가 없으며, 그녀는 15세 때 스스로 호를 사임당師任堂이라고 지었기 때문에 지금까지 신사임당으로 불리고 있다.

신사임당이라고 하면 흔히 현모양처의 표상으로만 알려져 있지만 이것은 일제 강점기 때 일본에 의해서 만들어진 이미지이다.

사임당은 16세기에는 '당대의 화가, 신 씨'로 알려졌다가 17세기에는 송시열이 스승인 율곡을 숭상하면서 '성현의 어머니'로, 그리고 일제 강점기 때에는 식민지 지배를 위한 우민화 교육의 하나로 '현모양처'로 불리어왔다.

그러나 필자는 이 책을 통해서 신사임당을 자기개발의 선구자라고 말하고 싶다.

실제로 사임당은 자기개발의 개척자였다. 어릴 때부터 시작한 그림 공부를 어느 누구의 도움 없이 혼자서 익혀 나갔다. 당시에는 그림을 가르쳐 주는 서당 같은 곳이 없었을 뿐만 아니라 화가를 폄하하고 무시하던 시대에 그것도 여자로서 누구의 지시도 받지 않고 오로지 자신의 뜻으로 혼자서 열심히 공부하여 당대의 화가로 우뚝 섰다는 점이 더욱 더 돋보이는 것이다.

그뿐만 아니라 중국 문왕의 어머니 태임을 롤모델로 정하고 끝없는 노력을 하여 태임 못지않은 훌륭한 여성으로 자리매김하였다.

사임당은 19세에 결혼한 뒤에도 자기개발을 계속 이어갔고 일곱 자녀의 어머니일 때에도, 대가족을 이끄는 가장일 때에도 그 역할을 충실히 다하면서 자기개발을 이어나갔다.

이 책에서는 사임당을 자기개발의 선구자로서, 어떤 목표를 가지고 어떻게 자기관리를 하였는가를 조명해 보고자 한다.

사임당의 삶을 통해서 자기관리의 흔적을 찾아가는 동안 그녀가 처한 어려운 환경 속에서도 그 고통을 예술로 승화시킨 의지와 열정에 저절로 머리가 숙여진다.

사임당은 한 여성으로서, 한 인간으로서 자기완성을 위해

치열하게 살았던 인물이다. 또한 훌륭한 교육자인 동시에 독창적인 개성을 표현한 예술가였다. 이런 면을 볼 때 21세기에 추구해야 할 리더로서 손색이 없다고 생각한다. 무엇보다도 사임당이 위대한 것은 그 모든 것을 스스로 철저한 자기개발로 이루었다는 점이다.

　새로운 변화를 필요로 하는 지금 독자들에게도 사임당의 자기개발 정신이 필요하다고 생각하여 이 책을 권하는 바이다.

저자 박근영

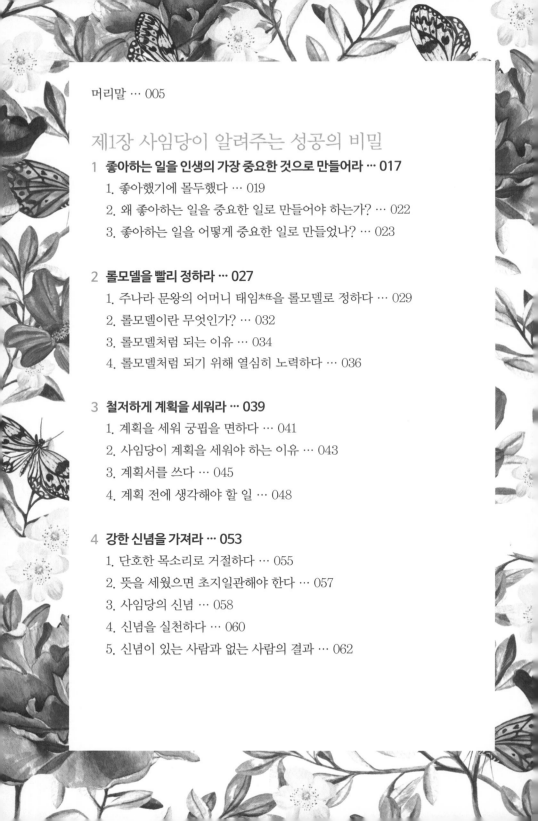

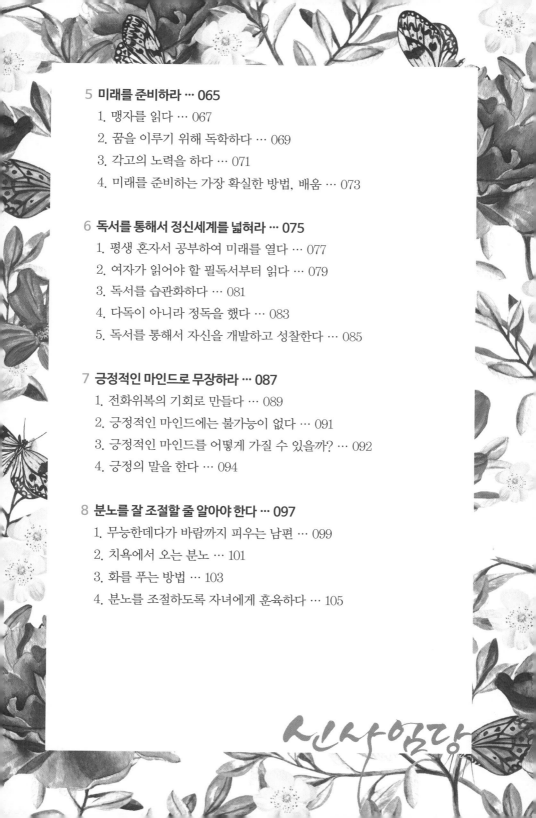

신사임당

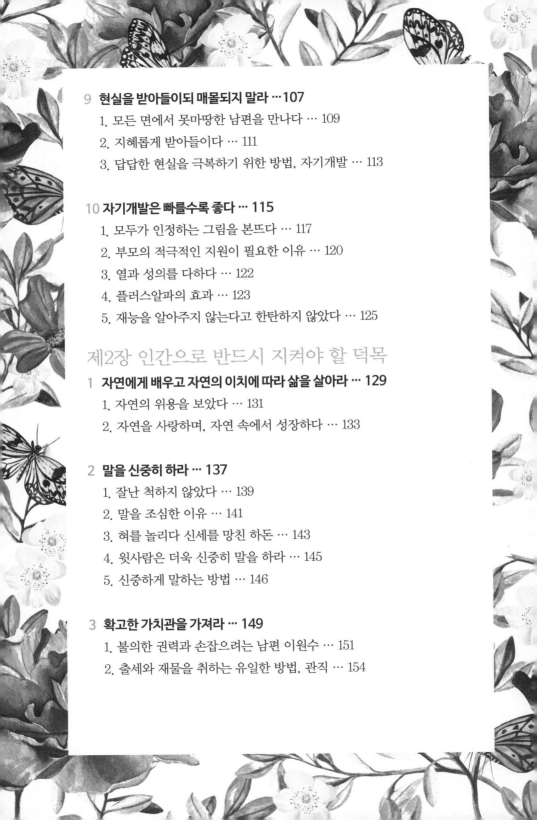

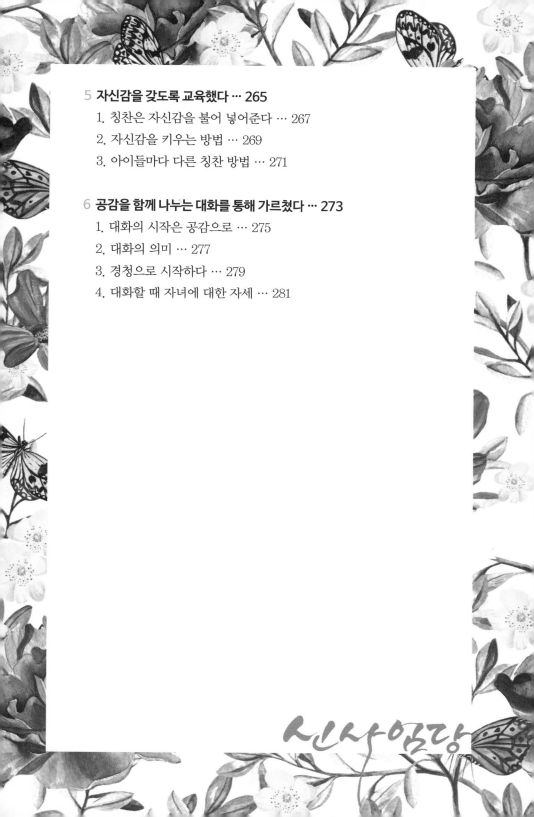

【 제 1 장 】

사임당이 알려주는 성공의 비밀

①

좋아하는 일을
인생의 가장 중요한 일로
만들어라

성공한 사람들은 모두 자신이 좋아하는 일을 했다. 그리
고 좋아하는 그 일을 자신의 인생에서 가장 중요한 것으로
만들었다. 그래서 훌륭한 업적을 남길 수 있었던 것이다.

좋아했기에
몰두했다

신사임당은 어린 나이에 이미 〈논어〉, 〈맹자〉 등의 책들을 여러 번 읽었고, 글도 잘 지었으며, 글씨도 잘 썼다. 자신이 좌우명으로 삼은 문장을 한문의 정자체인 해서체로 정갈하게 쓰고, 당나라 시대의 시 중에서 마음에 드는 작품을 골라 흘림체인 초서체로 능숙하게 써내려가기도 했다. 그뿐만이 아니라 바느질과 수놓는 것에도 솜씨가 있었다.

그러나 사임당은 이러한 것들보다도 좋아했던 것이 있었는데 바로 그림을 그리는 것이었다. 그리하여 그림을 그리느라 뜬눈으로 밤을 보내는 일이 어려서부터 자주 있었다. 특히 아버지로부터 그림 실력을 인정받은 뒤부터는 그림 그리는 것을 무엇보다도 가장 중요한 일로 생각했다. 수놓는 일보다 그림 그리는 일을 우선적으로 해야 할 일로 생각했다. 새벽에 눈을 뜨자마자 찬물로 얼굴을 문지른 후 제일 먼저 붓을 들고 그림을 그리기 시작했다. 그림을 그릴 때에는 모든 것을 잊고 무아지경이 되었다.

새벽부터 시작한 그림이었지만 가만히 앉아 있어도 땀이 저절로 나오는 한여름 오후가 되어서도 멈출 줄을 몰랐다. 사임당은 종이를 펴놓고 뭔가에 몰두하고 있었다. 그녀는 지금 쇠똥벌레를 그리는 일에 열중하고 있었다.

사임당은 마당 한구석에서 벌어지는 사건들을 하나도 놓치고 싶지 않았다. 약간의 윤기가 감도는 검은색의 쇠똥구리 위로 붉은 꽃잎을 부드럽게 펼친 맨드라미의 모습이 보인다. 그 순간, 맨드라미 옆으로 세 마리의 나비가 떼를 지어 날아든다.

사임당은 이 장면을 하나라도 놓칠까 종이를 펴놓고 붓을 들어 섬세하게 묘사해 나간다. 그녀의 손끝을 따라서 한 마리의 쇠똥구리가 종이 위에 모습을 드러낸다. 다시 두 번째 쇠똥구리의 모습이 드러난다. 맨드라미가 붉은 꽃잎을 드러낸다. 세 마리의 연보랏빛 나비가 그 위에 모습을 드러낸다. 이제 해가 뉘엿뉘엿 지고 있다. 그래도 붓놀림은 계속되었다. 조금도 지칠 줄을 몰랐다. 자신이 좋아하는 일이기 때문이다. 언제 해도 신이 났다.

사임당은 한참 그리다가 문득 인기척을 느껴 뒤를 보았다.

아무도 없다. 어렸을 때는 몰두하고 있으면 어느새 아버지가 등 뒤에 서 계시곤 했다.

　이제야 사임당은 붓을 놓는다. 그날 목표한 그림이 완성된 것이다. 완성된 그림을 바라보는 사임당의 얼굴에는 만족감을 나타내는 엷은 미소가 보인다.

왜 좋아하는 일을
중요한 일로 만들어야 하는가?

　하기 싫은 일을 할 때에는 좋아하는 일보다 무려 10배나 더 힘들다고 한다. 그러나 좋아하는 일을 할 때에는 시간과 상황을 고려하지 않고 몰두할 수 있다. 좋아하기 때문에 밤낮을 가리지 않고 그 일에 매달릴 수 있는 것이다. 당신이 좋아하는 일에 성공의 길이 있다.

　그래서 모든 것을 잊고 몰두할 수 있을 만큼 좋아하는 일을 인생에서 가장 중요한 일로 만들어야 한다. 그렇지 않다면 그 일은 소일삼아 하는 취미와 다를 것이 없기 때문이다.

좋아하는 일을
어떻게 중요한 일로 만들었나?

사임당은 그림을 그릴 때는 모든 것을 잊어버리고 오로지 그림 그리는 일에만 몰두했다. 무아지경에 들어갔다.

결코 집안일을 이것저것 하다가 한가한 시간에 그림을 그리지 않았다. 새벽에 일어나서 맨 먼저 붓을 잡고 화폭에 그림부터 그렸다. 자신의 인생에서 가장 중요한 일이기 때문에 그림부터 생각하고 제일 먼저 그림을 그렸다. 하루의 일과를 그 일로 시작했다. 그렇다고 결혼 전이나 결혼 후에 살림을 하면서 집안일을 포기한 것은 아니었다. 그 날에 해야 할 일을 재빨리 처리한 후에 다시 붓을 잡았다. 언제나 틈만 나면 그림의 소재를 생각해 두었다가 집안일이 끝나면 붓을 잡고 화폭 위에 신나게 그림을 그렸다. 그림 그리는 일이 자신의 인생에서 가장 중요한 일이라고 생각했기 때문에 모든 것을 물리치고 최우선으로 그 일을 할 수 있었다.

사임당은 엄청난 노력을 했다. 한 가지 소재를 놓고 밤을 새우면서 그렸다. 그린 그림이 마음에 들지 않으면 밤새 그린 그림을 버리고 다시 그렸다. 그러는 동안 날이 새는 줄도 모르고 그림에 몰두했다. 주위의 사람들이 미쳤다고 할 정도였으며, 일곱 남매를 낳은 후에는 자녀들이 그녀의 건강을 걱정할 정도로 그림에 몰두했다.

일곱 남매를 기르면서까지 이렇게 훌륭한 작품들을 그린 사람은 조선시대는 물론 어느 시대를 막론하고 찾아보기 힘들다. 게다가 조선시대에 여자들은 학문이나 문학이라면 남모르게 추구할 수도 있었으나 그림의 경우에는 사정이 다르다. 작업의 성격상 넓은 공간에서 종이와 물감 등을 펼쳐놓고 공개적으로 해야 하기 때문이다. 물론 아버지의 적극적인 지원이 있었지만 이러한 지원도 사임당이 그림 그리는 일을 좋아했고, 그 일을 인생에서 가장 중요하게 여겼기 때문에 가능한 일이었다.

사임당뿐만 아니라 세계적으로 유명한 작품을 남긴 위대한 예술가들은 전부 그들이 하는 일을 즐긴 사람들이다. 반 고흐, 피카소, 미켈란젤로 같은 예술가들은 자신의 일을 즐기고, 자신이 하는 일을 사랑했다. 그것을 자신의 인생에서 가장 중요한 일로 만들어 그것에 몰입할 수 있었기 때문에 훌륭한 작품들이 나올 수 있었다.

사임당은 말한다. 좋아하는 일을 하라고. 그리고 그 일을 인생에서 무엇보다도 중요한 일로 만들어서 그 일에 전념하라고.

맨드라미와 쇠똥벌레

| 제 1 장 |
사임당이 알려주는 성공의 비밀

② 롤모델을
빨리 정하라

    꿈을 실현하여 훌륭한 업적을 남긴 사람들을 다음의 두 가지로 나눌 수 있다. 한 가지는 이루고 싶은 자신만의 꿈을 향해 쉬지 않고 도전한 사람들이며. 또 한 가지는 자신만의 롤모델을 정해 놓고 그 사람을 닮기 위해 노력한 사람들이다. 사임당은 후자에 속한다.

주나라 문왕의 어머니 태임太任을
롤모델로 정하다

사임당이 열다섯 살 때의 일이었다. 어느 날 사임당의 아버지는 사임당이 무엇을 하는지 잠시 지켜보다가 말했다.

"당호堂號를 짓고 있구나? 그렇지, 그림을 그리거나 글씨를 다 쓰고 나면 낙관을 넣어야 하니 당호를 만들어야겠지. 어디 한 번 보자. '사임당師任堂'으로 했구나."

"네, 옛날 중국 주나라 문왕의 어머니 태임을 스승으로 본받겠다는 뜻이에요."

"그래 잘 정했다. 그 분을 본받아 너도 훌륭한 사람이 되도록 노력해야 한다."

조선 시대 여성들은 결혼을 하면 이름 대신에 성씨만으로 불렸다. 그리고 양반 집안의 여성은 머무르는 거처의 이름으로 당호를 지어서 이름이나 성씨 대신에 쓰이기도 했다.

중국의 역대 왕 중에서 문왕이 가장 훌륭하였고 그런 문왕을 낳아서 훌륭하게 교육시키고 키운 어머니가 바로 태임이었다. 태임은 지식이 높고, 현명하였으며, 의로움과 자애로움까지 갖춘 여성으로 중국은 물론 당시 우리나라에서도 추앙되는 인물이었다.

사임당은 이런 태임을 자신의 롤모델로 정하고 스승 '사'에, 태임의 '임'자를 따서 자신의 당호를 '사임당'이라고 지었다. 그리고 태임을 본받아 그녀와 같이 지, 덕, 체를 두루 갖춘 여인이 되겠다고 마음을 먹었다.

태임처럼 되기 위해서 사임당은 먼저 자신의 수양을 쌓았다. 고전과 경전를 열심히 읽고, 고대사 등의 역사서도 읽었다. 성현들의 가르침으로 자신의 지식과 지혜를 넓히기 위해 노력하였다.

또한 태임과 같은 훌륭한 어머니가 되기 위해서 자식들에 대한 교육에도 힘을 쏟았다. 임신하였을 때부터 재능이 뛰어나고 심성이 착한 아이가 되도록 태교를 하였다. 또한 아이들이 성장한 뒤에는 아이들에게 맞는 맞춤 교육을 실시하여 자녀들을 훌륭하게 키운 어머니가 되었다.

이렇게 노력을 한 결과 마침내 그녀는 목표를 달성하게 되었다. 주나라 문왕의 어머니 태임 못지않은, 오늘의 사임당이 탄생하게 된 것이다.

시간이 흘러 1868년, 고종 때 강릉 부사로 부임한 윤종의는 사임당의 글씨를 후손 대대로 전하기 위해서 나무판에 새겨 오죽헌에 보관하도록 하였다. 오죽헌은 강릉에 있으며 뒤뜰에 까마귀와 같이 검은 대나무가 자라서 지어진 이름으로 신사임당이 살던 집이자 율곡 이이가 태어난 집이었다.

이 때 신사임당의 글씨를 보고 감탄한 윤종의는 다음과 같은 글을 써서 신사임당을 칭송하였다.

"정성들여 그은 획이 고상하고 정결하여, 부인께서 옛날 문왕의 어머니 태임을 본받으시고자 하신 높은 뜻을 더더욱 느끼게 된다."

태임을 닮고자 노력한 신사임당은 오백여 년이 지난 지금도 한국 여성이 추구해야 할 최고의 가치로서 당당히 자리매김하게 되었다.

롤모델이란
무엇인가?

롤모델이란 자신이 닮고 싶은 사람을 말한다. 존경하고 우러러보면서 자신도 그와 같은 사람이 되고 싶다고 느끼는 사람을 말한다.

롤모델은 곧 목표다. 인생에서 추구하고자 하는 삶의 목표요, 지향하고자 하는 방향이다.

일단 롤모델을 정하게 되면, 그것이 인생의 목표를 가장 쉽고 빨리 실현하게 만드는 비결이 된다. 롤모델을 바라보고 달려가다가 보면 어느 새 자신이 목표로 했던 지점에 도달하기 때문이다. 롤모델이 있으면 절반은 성공한 것이다. 롤모델이 있다면 최선을 다해서 살아가야 하는 이유가 생길 뿐만 아니라, 꿈을 향해 나가는 길을 이미 찾은 것과 다름없기 때문이다.

롤모델을 정한 사람은 그 사람처럼 되기 위해 그가 걸어간 과정을 그대로 따라하게 된다. 그래서 롤모델이 있는 사람과 없는 사람은 시간이 갈수록 점점 차이가 벌어지게 되는 것이다.

사임당이 어린 나이에 롤모델을 일찍 정했다는 것은 그만큼 삶의 목표를 빨리 정했다는 뜻이다. 스스로 나아갈 목표와 지향할 방향을 일찍 정했다는 의미다.

사임당은 꿈을 실현하기 위한 방법으로써 15세의 어린 나이에 롤모델을 정했던 것이다.

롤모델처럼
되는 이유

그런데 왜 롤모델을 정하고 노력하면 그 사람처럼 되는 것일까?

피그말리온 효과 때문이다. 피그말리온은 그리스 신화에 나오는 인물로서 키프로스 섬에 살던 조각가였다. 피그말리온은 성적으로 문란한 키프로스의 여인들에게 혐오감을 느끼고 조각에만 몰두하다가 자신이 생각하는 완벽하고 아름다운 여인을 조각한 다음 그 조각상을 사랑하게 되었다. 그리고 신들에게 이 조각상과 같은 여인을 아내로 맞게 해달라고 간절히 기도를 올렸다. 그의 기도에 감동한 아프로디테 여신은 그가 조각한 조각상을 사람으로 환생시켜 주었고, 그는 그녀와 결혼하여 행복하게 살았다는 이야기이다. 이 이야기로부터 간절히 바란다면 이루어진다는 피그말리온 효과가 유래되었다. 긍정적인 기대와 관심을 가지면 실제로 좋은 성과가 나오거나 결과가 좋아지는 현상이다.

롤모델처럼 되기 위해
열심히 노력하다

사임당은 태임을 롤모델로 정한 다음 그저 롤모델로 설정한 것에 그치지 않고 그런 인물이 되기 위해 열심히 노력하였다. 목표를 달성하기 위해 최선의 노력을 다했다. 태임과 같은 품성을 갖추기 위해 동서고금의 경서를 읽었으며, 언행에 유의하여 주위 사람들로부터 존경을 받게 되었다.

또한 태임과 같이 훌륭한 부모가 되기 위해 태교는 물론 일곱 남매에게 맞춤 교육도 하였다. 이와 같은 노력으로 사임당은 결국 문왕처럼 훌륭한 율곡이라는 대학자를 탄생시켰다.

어느새 사임당은 롤모델인 태임과 같은 훌륭한 인물이 된 것이다. 이른바 피그말리온 효과가 나타난 것이다.

우리나라 역사에 기록되어 있는 여인들 중에서 신사임당만큼 오랜 세월을 후세 사람들에게 존경을 받은 인물도 드물 것이다. 신사임당은 500여 년 동안 우리나라 모든 여성들의 우상이자 희망이었다고 해도 과언이 아니다. 사임당이 이토록 훌륭한 인물이 된 것은 무엇보다도 일찍이 삶의 목표를 정하고 그 목표를 달성하기 위해 노력했기 때문이었다.

사임당은 인생에서 성공하기를 바라는 우리들에게 알려준다. 인생에서 성공을 꿈꾼다면 빨리 롤모델을 정하라. 그리고 그런 인물이 되도록 부단히 노력하라. 그러면 어느새 자신이 정한 롤모델과 같은 훌륭한 인물이 될 수 있다고 말이다.

가지와 방아개비

| 제 1 장 |
사임당이 알려주는 성공의 비밀

③
철저하게
계획을 세워라

일의 계획을 세우면 우선순위를 정하게 되어 급하고 중요
한 일부터 하게 되고, 쓸데없는 일로 시간을 낭비하는 일이
없다. 길게 볼 때 계획이 있는 사람과 그렇지 않은 사람은
하늘과 땅만큼 차이가 난다.

계획을 세워 궁핍을 면하다

사임당의 아버지 신명화는 고려 태조의 충신인 신숭겸의 17 대손이고, 할아버지 신숙권은 영월 군수를 지냈기 때문에 사임당의 집안은 경제적으로 어느 정도 넉넉한 편이었다. 반면에 남편 이원수의 집안은 경제적으로 어려웠고 궁핍한 생활만을 겨우 면할 정도였다. 당시 양반으로 태어났어도 과거에 급제하지 못하면 관직을 얻지 못했고, 관직을 얻지 못하면 경제적으로 어려운 것이 당연했다. 그래서 처가로부터 경제적인 지원을 받을 정도로 어려운 살림살이였음은 분명하다. 사임당은 결혼 후 한양의 시댁에서 살다가 자신의 친정인 강릉에 내려와서 어머니와 함께 살다가 38세의 나이에 한양에 있는 시댁으로 다시 들어가게 되었다.

어느 날 신사임당의 시어머니 홍 씨는 며느리를 불러놓고 이렇게 말했다.

"이제 네가 이 집안의 살림을 모두 맡아서 해야겠다. 네가 외동아들에게 시집와서 고생이 많구나. 게다가 살림도 넉넉지 않아 힘들겠지만 잘 꾸려 나가 보거라."

사임당은 시어머니로부터 곳간의 열쇠 꾸러미를 받았다. 이 날부터 신사임당은 대가족을 이끌어나가야 하는 실질적인 가장이 되었다. 당시 집안 살림이 아주 어렵지는 않았지만 필요한 양식은 거의 친정으로부터 도움을 받아야 할 정도였다.

사임당은 이러한 상황에서 어떻게 하면 쪼들리지 않고 살 수 있을까를 생각했다. 가족은 열한 명이나 되는 대가족이었으며, 남편 이원수가 관직에 올라 일정한 수입이 있는 것도 아니었다. 그래서 무엇보다도 절약을 해야겠다고 생각했다. 절약을 하기 위해서는 미리 계획을 세워 놓고 거기에 맞춰서 생활하지 않으면 안 되었다. 아무런 계획도 없이 11명이나 되는 대가족을 제대로 이끌어 나갈 수가 없다고 판단했다.

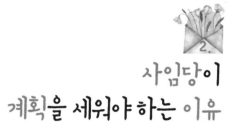

사임당이
계획을 세워야 하는 이유

사임당은 일곱 남매를 포함하여 11명이라는 대가족을 거느리는 가장의 역할을 효율적으로 하기 위해서 계획을 세워야겠다고 생각했다. 가사를 비롯하여 자녀들 교육까지 많은 일을 해야 하는데다가 자신의 일까지 하기 위해서는 철저한 계획이 필요했다.

사임당은 계획을 세웠고 그 계획대로 일을 하기 시작했다. 그랬더니 모든 일의 순서가 잡히고 어느 일부터 먼저 해야 하는지 당황하는 일이 없었다. 뿐만 아니라 대가족을 이끌고 일곱 자녀의 교육을 시키면서도 자신의 시간을 가질 수 있었다. 집안일을 훌륭하게 돌보면서도 자신을 위해서 활용할 수 있는 시간을 만들어낸 것이다. 그리하여 경제적인 면에서는 불필요한 낭비를 줄이고 절약하여 알뜰하게 살림을 꾸려갈 수 있었고 자신을 위해서는 책을 읽거나 그림을 그리는 등의 일도 가능했다.

계획서를 쓰다

사임당은 우선 하루를 나눠서 각 시간대 별로 해야 할 일을 정해서 생활계획서를 짰다. 물론 당시에는 지금과 같은 시계가 있던 시대가 아니었기 때문에 그 당시에 시간을 표시하던 방법인 12시진時辰을 이용해서 계획을 짰다.

묘시(오전 5시~7시)에는 〈논어〉를 읽는다. 사시(오전 9시~11시)에는 아이들 글공부를 가르친다. 오시(오전 11시~오후 1시)에는 점심식사를 준비한다. 유시(오후 5시~7시)에는 아이들을 취침시킨다. 이런 식으로 생활계획서를 만들었다. 그리고 여기에 맞추어 한 달, 1년의 계획도 짰다.

<조선 시대 12시진>

- 자(子, 쥐)시: 23시~1시
- 축(丑, 소)시: 1시~3시
- 인(寅, 호랑이)시: 3시~5시
- 묘(卯, 토끼)시: 5시~7시
- 진(辰, 용)시: 7시~9시
- 사(巳, 뱀)시: 9시~11시
- 오(午, 말)시: 11시~13시
- 미(未, 양)시: 13시~15시
- 신(申, 원숭이)시: 15시~17시
- 유(酉, 닭)시: 17시~19시
- 술(戌, 개)시: 19시~21시
- 해(亥, 돼지)시: 21시~23시

그 다음에 사임당은 지출계획서를 짰다.

종이에 붓으로 모든 지출을 적고 필요한 지출과 불필요한 지출을 나눴다. 불필요한 지출은 없애기로 하고 필요한 지출 항목 중에도 줄일 수 있는 것들을 생각하여 적었다.

제일 먼저 떠오르는 것이 자녀들을 서당에 보내지 않는 것이었다. 서당에 보내지 않는 대신 자신이 직접 가르치기로 했다.

그 다음으로 일상생활에서 절약할 수 있는 것들을 생각했다.

생각 없이 낭비하는 것들 중의 하나가 아이들이 쓰는 종이였다. 그래서 아이들이 공부하는 방에 가서 종이를 아껴 쓰라고 권유하면서 종이를 절약할 수 있는 방법을 직접 행동으로 보여 주었다. 붓글씨를 쓴 화선지 위에 글씨를 여러 번 덧썼다. 그리고 먹도 더 이상 갈 수 없을 정도가 될 때까지 쓰게 했다. 거기다 등잔불에 기름도 아끼기 위해서 아이들을 일찍 재우고 새벽에 일어나 글을 읽게 하였다.

사임당이 또 하나 생각한 것은 반찬거리를 집에서 직접 생산하는 것이었다. 마당이 좁아서 텃밭을 일구는 것이 힘들었지만 마당 구석구석에 호박, 가지, 오이 등의 채소를 심었다. 반찬을 자급자족하기 위해서였다.

쌀을 씻을 때나 보리를 씻을 때에도 한 톨이라도 빠져 나가는 일이 없도록 주의했다. 그리고 항아리 하나를 부뚜막 옆에 놓고 밥을 지을 때마다 쌀 한 주먹을 떠서 그 속에 넣었다. 명절날이 되면 그 항아리 속에 있는 쌀로 떡을 만들어서 가까운 사람들은 물론 이웃들과 나누어 먹었다.

계획 전에
생각해야 할 일

위와 같은 행동들을 통해서 사임당이 우리에게 주는 메시지는 간단명료하다. 계획을 가지고 생활하라는 것이다. 계획을 세워서 생활하면 시간을 효율적으로 쓸 수 있고 나중에 궁핍을 면할 수 있다는 것이다.

사임당은 어려운 삶을 극복하기 위해서 제일 먼저 계획부터 세웠다. 그리고 그녀는 붓으로 종이에 그 계획들을 적었다. 그 계획을 하루에 필요한 쌀 몇 됫박, 보리쌀 몇 됫박, 그리하여 한 달에 필요한 쌀 몇 말, 보리쌀 몇 말 등으로 구체적으로 적었다.

계획을 세우면 다음과 같은 장점들이 생긴다.

첫째, 동기부여의 원천이 된다.

계획을 세우면 그 계획을 달성해야겠다는 의욕이 생긴다. 이러한 의욕이 그 사람을 긍정적이고 적극적인 사람으로 만든다.

둘째, 세부적인 계획을 수립하기 위한 근거가 된다.

큰 계획을 분명히 인식하게 되면 이것을 실행하기 위해서 필요한 세부적인 방법들을 알게 된다.

셋째, 일의 우선순위가 정해진다.

사람은 동시에 여러 가지 일을 하면서 생활하게 되는데, 계획을 세움으로써 일의 중요성과 긴급성을 평가할 수 있고 일의 우선순위를 알게 되어 그 우선순위에 따라 일을 할 수 있다.

넷째, 자원을 가장 효율적으로 사용하게 된다.

계획을 세우면 그 계획에 따라 세부적인 일들을 미리 결정할 수 있기 때문에 자신이 가지고 있는 한정된 자원을 효과적으로 활용하게 된다.

다섯째, 자기반성을 하게 된다.

계획을 세우면 어느 정도의 시간이 흐른 뒤에 그 계획을 얼마나 달성했는지 객관적으로 평가할 수 있고, 만일 달성하지 못했을 때는 달성하지 못한 것들을 점검하고, 그 원인을 찾게 된다.

마지막으로 일의 즐거움을 높여준다.

계획을 달성하게 되면 성취감과 보람을 느끼게 되고, 보다 높은 목표를 세워서 시도하는 도전정신을 갖게 한다.

일찌감치 인생의 계획을 세우고 그 계획대로 움직여서 성공의 반열에 오른 사람은 오늘날에도 많다. 이런 사람들의 한 사람으로 일본의 기업가, 손정의를 들 수 있다.

손정의는 이미 십대에 다음과 같은 인생 설계를 세웠다고 한다.

〈나의 인생 50년 계획〉

20대, 이름을 날린다.

30대, 최소한 1,000억 엔의 사업자금을 마련한다.

40대, 사업에 승부를 건다.

50대, 사업을 완성한다.(연 매출 1조 엔 이상)

60대, 다음 세대에 사업을 물려준다.

이 인생 계획을 썼을 때, 그의 나이는 19세였다.

지금부터 자신이 할 수 있는 원대한 계획을 세우고 그에 맞춰서 일별, 월별, 연도별 세부적인 계획서를 만들어 그대로 실천하는 것이 자신을 성공으로 이끄는 가장 좋은 방법이다.

오이와 개구리

| 제 1 장 |
사임당이 알려주는 성공의 비밀

④
강한 신념을
가져라

　강한 신념이 있는 사람은 현실과 자신의 생각이 마찰을 일으킬 때 단호하다. 어떤 일이 자신의 신념에 견주어 정당하다고 판단될 때 단호하게 행동한다. 그 일이 옳다고 생각하기 때문이다.

단호한 목소리로
거절하다

사임당이 결혼을 하고서 강릉의 친정에 내려와서 지낼 때의 일이다. 그의 남편 이원수는 학업에 뜻이 없었고 매일을 방황하며 보냈다. 결국 사임당은 이원수에게 10년 정도를 혼자 한양에 가서 공부하면서 따로 떨어져 사는 것이 좋겠다고 제안했다. 이원수는 처음에는 반대를 하다가 마침내 사임당의 제안을 받아들여 집을 떠나기로 하고 한양으로 발길을 향했다. 한 10리쯤 걸어갔을 때 이원수는 헤어진 가족들이 생각나서 다시 집으로 발길을 돌렸다. 집에 도착한 이원수는 사임당의 권유로 집에서 하룻밤을 보낸 다음 다시 한양으로 향했다. 그러나 이번에는 20리쯤 가다가, 10년이나 가족들과 떨어져 지낼 생각을 하니 가슴이 아파서 다시 집으로 돌아오게 되었다.

그러자 사임당은 이원수에게 말했다.

"서방님께서 이렇게 약한 모습을 보이시면 안 됩니다."

어쩔 수 없이 이원수는 하룻밤을 묵고 다시 한양으로 향했다. 그러나 이번에도 한 40리쯤 가다가 다시 되돌아왔다.

사임당은 남편이 이번에는 한양으로 갔겠지 하는 생각을 하고 있다가 다시 되돌아온 남편을 보자 정색을 하고 말했다.

"서방님이 이렇게 나약할 줄은 몰랐습니다. 어찌 사내대장부가 아녀자와 한 약속을 하루도 못 지키고 다시 돌아오셨습니까?"

사임당은 말을 마친 뒤 가위를 꺼내들고는 말했다.

"저는 이렇게 약속을 지키지 않는 서방님을 더 이상 믿고 따를 수 없으니 차라리 머리를 자르고 절에 들어가겠습니다."

사임당이 가위로 머리를 자르려고 하자 기겁을 한 이원수는 사임당의 손에서 가위를 빼앗으며 말했다.

"알았소, 부인. 이번에는 틀림없이 한양으로 가서 학업을 연마하겠소."

이원수는 다음날 아침 부랴부랴 집을 떠나 한양으로 향했다. 그리고 10년 동안 돌아오지 않고 글공부를 하였다.

뜻을 세웠으면 초지일관해야 한다

이 이야기를 통해서 남편 이원수의 성품을 알 수 있다. 이원수는 아내에게 십 년 동안 공부를 하겠다고 여러 번 약조를 하였지만 그것을 지키지 못했다. 그는 의지가 약했고 그저 아내 곁에서 그럭저럭 세월을 보내길 원했다. 사임당은 남편의 이런 품성을 알고 있었기에 단호한 태도를 취하지 않을 수 없었다. 만일 사임당이 이 때 마음이 약해져서 남편이 원하는 대로 해주었다면 그는 학문의 뜻을 완전히 접고 평생을 건달로 살았을지도 모른다.

사임당의
신념

　사임당이 단호하게 행동하면서 남편을 끝내 한양으로 가게
할 수 있었던 것은 그녀에게 신념이 있었기 때문이었다. 어떤
현실적인 어려움이 닥쳐도 굽히지 않는 강한 신념이 있었기
때문에 단호하게 거절할 수 있었다.

　그렇다면 사임당은 어떤 신념이 있었을까?

　사임당은 사람은 모름지기 뜻을 세워야 하고 뜻을 세웠으면
그 뜻을 실천하기 위해 최선의 노력을 해야 한다는 신념을 갖
고 있었다. 즉, 사람답게 살기 위해서는 뜻을 세워야 하며, 그
뜻을 학문에 두어야 한다는 신념이 있었다. 그런 신념으로 남
편을 설득했으며 일곱 남매에게도 가르쳤다.

　또한 사람은 군자답게 살아야 한다는 신념이 있었다. 군자

란 〈논어〉에서 공자가 한 말로 '학문學問과 덕德을 쌓아 인격이 높은 사람'을 말한다. 사임당은 그 사람이 어떤 위치에 있든 군자답게 살아야 한다는 강한 신념을 가지고 있었다.

그래서 뜻도 세우지 않고 군자답게도 살지 않으려는 남편에게 단호하게 대할 수 있었던 것이다.

4.
신념을
실천하다

사임당은 사람은 군자답게 살아야 한다는 신념을 그저 생각만 하지 않고 자신이 몸소 실천하여 본보기를 보였다. 남편이 벼슬자리나 하나 얻을까 해서 이미 권세를 잡은 친척 이기^{李芑} 집에 드나드는 것을 알고 불의하게 권력을 얻으려고 하지 말라고 남편을 설득하였다. 사람은 군자답게 살아야 한다는 확고한 신념이 있었기 때문이었다.

사임당은 이러한 신념을 일곱 남매에게도 가르쳤고 그들에게 영향을 미쳤다. 그 결과 사임당으로부터 가장 영향을 많이 받은 율곡은 '몽매함을 깨치는 방법들'이란 뜻의 그의 저서 〈격몽요결〉의 입지장^{立志章}에서 이렇게 말한다.

"처음 배우는 사람은 먼저 뜻을 세워 반드시 훌륭한 사람이 될 것을 기약해야 하며, 털끝만큼이라도 스스로 작다고 생각하여 뒤로 물러날 생각을 해서는 안 된다. 평범한 사람과 훌륭한 사람의 근본은 모두 똑같은 것이다. 비록 기질이 맑거나 흐리고, 순수하거나 섞임이 있을지라도 참되게 알고 실천하여, 옛날에 물든 나쁜 습관들을 없애고 처음의 성품을 되찾는다면 충분히 선해질 것이다. 따라서 평범한 사람이라고 해서 훌륭한 사람이 되지 못할 이유가 없다."

5.
신념이 있는 사람과
없는 사람의 결과

　사임당과 그의 남편 이원수는 부부로 함께 살았으나 후세에 남긴 업적은 가히 천양지차라고 할 수 있다. 확고한 신념의 소유자 사임당은 조선 시대에 여자의 몸으로 태어나서 과거를 보거나 관직에 오르지는 못했지만, 일곱 남매의 어머니로서 소임을 다하여 자식들을 훌륭하게 키웠고, 자기개발에도 힘써서 안견 다음 가는 화가라는 평을 얻으며 주옥같은 여러 점의 산수화와 초충도를 후세에 남겼다.

　반면에 이원수는 확고한 신념이 없었다. 사임당이 뜻을 세우라고 그토록 권유하고 강요했지만 그는 뜻을 세우지 않았고 과거 공부를 30년이나 하였으나 낙방만을 거듭하다가 50세가 되어서야 할아버지와 아버지의 공을 인정받아 그 혜택으로 겨우 종5품의 수운판관이라는 낮은 직책을 얻게 되었다. 수운판관은 세금으로 걷은 곡식을 배에 실어서 수도로 옮기는 낮은 관리였다. 어쨌든 이원수는 사임당이 생각하는 군자다운 삶과는 거리가 먼 삶을 살았다. 그는 사내대장부로 태어났으면 뜻을 세우고 군자답게 살아야 한다는 신념이 없었기 때문에 평범한 삶을 살다가 소인小人으로 생을 마감했다.

양귀비와 도마뱀

⑤
미래를
준비하라

독학이란 어떤 의미에서 자신에게 새로운 미래를 열어주
는 열쇠 같은 것이다. 독학을 통해서 지금까지와는 다른 자
신의 새로운 미래를 열 수도 있는 것이다. 사임당은 어느
누구에게도 그림을 배우지 않고 혼자서 그림 공부를 하여
화가로서의 자신의 미래를 열었다.

맹자를 읽다

　사임당이 열다섯 살 때의 일이다. 사임당은 대청마루에 앉아서 책을 읽고 있었다. 그때 외할아버지 이사온이 사임당에게 다가왔다.

　"무슨 책을 읽고 있느냐?"

　외할아버지가 오는 줄도 모르고 책을 읽고 있던 사임당은 그때서야 깜짝 놀라면서 일어섰다.

　"〈맹자〉의 진심盡心편을 읽고 있어요."

　"그래, 지금 읽고 있는 부분을 한번 읽어 보아라."

　그러자 사임당은 낭랑한 목소리로 읽었다.

　"인불가이무치人不可以無恥**니 무치지치**無恥之恥**면 무치의**無恥矣**니라."**

"지금 읽은 것이 무슨 뜻이냐?"

"사람은 부끄러워하는 마음이 없어서는 안 된다. 부끄러움이 없는 것을 부끄러워한다면 부끄러울 일이 없을 것이라는 뜻입니다."

"음, 대견하구나. 열심히 읽도록 하여라."

외할아버지는 누가 시키지도 않았는데 혼자서 열심히 책을 읽는 사임당에게 감탄하면서 사임당이 글을 읽는 데 방해가 되지 않도록 밖으로 나갔다.

꿈을 이루기 위해 독학하다

사임당은 강릉에 있는 외할아버지 집에서 태어나서 줄곧 그곳에서 성장하였다. 아버지 신명화는 주로 한양에서 지냈기 때문에 사임당은 늘 아버지를 그리워하며 생활해 나갔다.

사임당의 어머니 집안은 매우 자손이 귀한 집안이라서 사임당은 어머니와 외할아버지의 사랑을 많이 받고 자랐다.

당시 여성은 서당이나 다른 교육기관에서 교육을 받을 수 없었고 외출도 함부로 할 수 없었다. 조선 초기의 여성 교육은 주로 가정에서 어머니가 딸을 가르치는 게 전부였다. 따라서 사임당 역시 서당에 다닐 수 없는 처지였다.

그러나 사임당의 부모들은 생각이 달랐다. 외할아버지 이사온은 무남독녀인 사임당의 어머니 용인 이 씨에게 글을 가르쳤으며, 신명화와 용인 이 씨는 딸만 다섯을 낳았기 때문에 이 중에서 재능이 뛰어났던 둘째딸 사임당에게도 사서삼경을 읽을 정도로는 글을 가르쳤다. 그 당시 여성들이 배우는 글은 주로 〈소학〉, 〈효경〉, 〈내훈〉 등이었는데, 주로 사대부 부인이 지켜야 할 덕목이 그 내용이었다.

그런데 사임당에게는 꿈이 있었다. 그것도 이미 15세에 정한 목표가 있었다. 중국 문왕의 어머니 태임과 같은 훌륭한 여성이 되려는 꿈이 있었다. 그래서 그 꿈을 이루기 위해서 독학을 하기로 하였다.

당시 사람들은 "계집애가 공부를 해서 무엇해? 과거 시험도 볼 수 없는데?"라고 생각하여 여자들이 글공부하는 것을 금하던 시대였다. 이러한 시대에 총명하고 재주는 많지만 여자로 태어난 사임당은 자신의 미래를 생각했을 것이다. 어떻게 하면 자신의 꿈을 이룰 수 있을까 고민했을 것이다. 그리하여 혼자서 학문을 닦고, 그림공부를 하기로 결심했다.

3.
각고의
노력을 하다

사임당은 독학을 결심한 후에 새벽에 일어나서 글을 읽거나 미술공부를 했다. 사임당은 온 가족이 잠들어 있는 새벽 미명에 일어나 조용히 움직였다. 대야에 물을 떠서 세수를 하고 아버지가 쓰시던 방에 들어가서 책을 읽었다. 아버지 신명화는 주로 한양에 머물 때가 많아서 방이 비어 있었다.

아침식사 시간이 되면, 언니를 도와 아침식사 준비와 설거지를 한 다음, 다시 아버지 방에 들어가 이번에는 화폭을 펼치고 미술공부에 몰두했다. 점심식사 후에도 시간이 나는 대로 책을 잡거나 붓을 놓지 않았다. 저녁에 집안일을 마무리한 다음에는 호롱불을 켜놓고 책을 읽었다.

글에 관해서는 글을 읽을 정도로만 배웠고, 가끔 모르는 것이 있으면 외할아버지 이사온에게 물어보는 것이 전부였다. 미술에 관해서는 몽유도원도를 그린 안견의 산수화를 보고 따라 그린 것이 전부였다. 그 외에는 어느 누구도 가르쳐주거나 지도한 사람이 없었다.

사임당은 책을 선택해서 읽고, 소화하는 것까지 혼자서 다 해냈다. 그야말로 독학이요, 독습이었다.

또한 그림을 그릴 때에도 그림 소재를 선택하거나 밑그림을 그릴 때 모든 것을 혼자서 생각하고 결정해야 했다. 고독한 자신과의 싸움이었다.

이런 노력을 통해서 사임당은 역사에 남을 훌륭한 그림을 그리게 되었고, 훌륭한 시와 글씨를 남겼으며, 자녀들에게 수준 높은 글공부를 가르칠 수 있었다.

만일 사임당이 그 당시 주변 여건을 탓하면서 독학이라는 외로운 자신과의 싸움을 하지 않았다면 오늘날의 사임당은 존재하지 않았을 것이며 일개 필부로서 생을 마감했을 것이다.

미래를 준비하는 가장 확실한 방법, 배움

이런 노력들을 통해서 사임당이 우리에게 주는 메시지는 분명하다.

자신이 처한 현실에 불만이 있다면 불평만 하지 말고 지금부터 새로운 미래를 준비하라는 것이다. 자신의 미래를 배움으로써 준비하라는 것이다.

새로운 미래를 여는 가장 좋은 방법은 배움이다. 자신이 좋아하는 것들을 공부하여 자신의 미래를 새롭게 열 수 있다.

사임당은 평생 자신을 낮추고 '공부하는 자'로 일관했다. 서당의 선생님에게 들어서 그냥 아는 것이 아니라 끊임없이 생각하면서 배우는 진정한 '독학자'였다. 사임당은 독학으로써 자신의 새로운 미래를 열었다.

수박과 들쥐

| 제 1 장 |
사임당이 알려주는 성공의 비밀

6
독서를 통해서
정신세계를 넓혀라

　책을 읽으면 그만큼 세상을 보는 눈이 넓어지고 새로운
가치관이 생기게 된다. 또한 자신을 성찰하는 기회가 되기
도 한다. 많은 사람들이 독서를 통해서 자신의 정신세계를
넓혀 왔다. 독서를 통해서 우리의 내면은 점차 깊어진다.

평생 혼자서 공부하여 미래를 열다

어느 날 사임당은 〈논어〉을 읽다가 외할아버지 이사온에게
물었다.

"외할아버지, 이 구절은 무슨 뜻인가요?"

사임당이 물어본 글귀는 〈논어〉 술이편에 나오는 글이었다.

"**발분망식**發憤忘食, **낙이망우**樂以忘憂, **부지노지장지운이**不知老之將至云爾."

외할아버지 이사온은 글을 소리 내서 읽더니 이렇게 말했다.

"이 말은 공자가 한 말로, '공부에 열중하면 끼니도 잊고 배
움이 즐거워 근심도 잊을 지경이다. 심지어 나이를 먹는 것도
잊을 정도다.'라는 뜻이다."

"네, 잘 알았습니다. 저도 어떤 것을 배울 때는 끼니를 잊을 정도로 열심히 할 거예요."

여자가 읽어야 할 필독서부터 읽다

사임당은 일찍 글을 깨우치고, 어린 나이인 7세부터 〈명심보감〉, 〈소학〉, 〈효경〉, 〈내훈〉 등을 읽었다.

〈내훈〉은 여자들이 지켜야 할 말과 행실, 효도하는 방법, 부부 사이에 지켜야 할 도리, 어머니로서의 역할, 친척들과 손님을 대하는 방법 등 여자가 지켜야 할 덕목을 실은 교양서였다.

그 후에 오경 중의 하나로 공자가 쓴 노나라 역사서인 춘추 외에 시경, 서경, 주역 등에 이르기까지 여러 책들을 읽고 공자, 맹자, 노자 등 성현들의 학문을 모두 섭렵하였다. 한마디로 사임당은 독서광이었다.

사임당은 여러 책들 중에서 특히 공자가 쓴 〈논어〉를 많이 읽었다. 〈논어〉를 읽으면서 "사람이 사람답게 살기 위해서는 뜻을 세워야 한다."는 말을 마음에 담았다.

논어에 나오는 글들을 여러 번 읽고 또 읽었다. 논어의 글들을 자신의 것으로 만들어 가정을 이끌어가고 자녀를 교육시키는 주요 철학으로 삼았다.

사임당이 그 시대의 어느 사대부 못지않은 학식과 세계관을 갖추게 된 것은 오로지 독서를 통해서였다. 옛 성현들의 덕행을 배워서 실천한 것도 독서를 통해서였다. 책을 읽음으로써 어떤 일이든지 스스로 판단하고 궁리하여 실행에 옮길 수 있는 힘을 길렀던 것이다.

독서를
습관화하다

사임당은 일곱 살 때부터 유교 경전을 읽었다고 한다. 글공부에 뛰어난 재능을 보였으며 책 읽는 것을 좋아하여 여유 시간이 많았던 어릴 때는 물론이고, 결혼 후에도 특히 일곱 남매를 키우면서 대가족을 이끄는 상황에서도 책을 읽었다.

사임당이 일곱 남매를 키우면서까지 독서를 할 수 있었던 이유가 무엇일까?

독서를 자신의 습관으로 만들었기 때문이었다. 사임당은 책을 읽을 수밖에 없는 상황을 일부러 만들었다. 예를 들면 하루 일과표를 작성하면서 오늘 읽을 책의 페이지 수를 미리 정해놓았다. 그리고 그 목표량을 반드시 달성하였다.

사임당은 자신만 책을 많이 읽은 것이 아니라 자녀들에게도

책을 많이 읽으라고 권하였다. 그래서 어머니 사임당의 영향
을 많이 받은 율곡은 독서궁리, 즉 독서를 통해서 세상의 이치
들을 깊이 연구하라고도 말했다.

다독이 아니라 정독을 했다

　또한 사임당은 많은 책을 대충 읽는 것보다는 한 권이라도 정독하여 그 뜻을 완전히 이해하는 것을 강조하였다. 물론 그 당시에는 오늘날처럼 책의 가짓수가 많지 않았지만, 사임당은 다독보다는 정독을 많이 하였다. 율곡에게도 다독보다는 정독을 권했으며 그는 그의 저서 〈격몽요결〉에서 독서에 대해서 이렇게 설파하였다.

　"무릇 책을 읽을 때에는 반드시 한 권의 책을 익숙히 읽어서 그 의미를 다 깨달아 꿰뚫어 통달하고 의심스러운 것이 없을 때 비로소 다른 책을 읽어라. 그저 많은 책을 읽는 것에 욕심을 부려 바삐 섭렵해서는 안 된다."

　독서를 할 때 정독을 중요하게 생각한 또 다른 사람으로 중국 송宋나라의 정이천程伊川이라는 사람이 있다. 주자朱子의 스승이며, 이기이원론을 창시한 그야말로 대학자라고 할 수 있다.

어느 날 한 제자가 그에게 학문하는 방법을 물었다. 그러자 그는 주저 없이 다음과 같이 말했다.

"모름지기 책을 읽으라. 책을 많이 읽는 것도 중요하지만 핵심을 파악하면서 읽어야 한다. 핵심도 파악하지 않고 책을 많이 읽는 사람은 사서, 즉 책방 주인과 다를 바 없다는 말이다."

또 다른 인물로 조선 시대의 독서광 김득신을 들 수 있다. 그는 그야말로 책 읽는 것에 미친 사람이었다.

그는 어릴 때 아둔해서 주위 사람들로부터 공부를 포기하라는 말을 많이 들었지만 경상도 감찰사를 지낸 그의 아버지 김치는 아들을 믿고서 꾸준히 격려를 해주었다. 그는 한 권의 책을 수없이 반복해서 읽었다. 〈백이전〉이라는 책을 11만 3천 번이나 읽었고, 1만 번 이상 읽은 책이 36권이나 되었다. 결국 그는 과거 시험에도 합격하고 당대 최고의 시인으로 존경을 받기까지 하였다. 그는 이렇게 말한다.

"다른 사람이 한 번에 할 수 있다면 나는 백 번을 하고, 다른 사람이 열 번에 할 수 있다면 나는 천 번을 할 것이다. 누구라도 이러한 것을 행할 수 있다면 비록 어리석더라도 반드시 밝아지고 강해질 것이다."

독서를 통해서
자신을 개발하고 성찰한다

사임당은 우리에게 정신세계를 넓히는 가장 확실한 방법은 독서라고 말한다. 독서를 하면 현명한 다른 사람들의 삶과 생각을 알게 되고 이해하면서 정신세계가 넓어진다. 또한 독서를 하면 자신을 성찰하게 되고 이를 통해서 더 나은 자신이 되기 위한 계기를 만들 수도 있다.

사임당이 어려운 환경 속에서도 책을 읽을 수 있었던 것은 독서를 습관화했기 때문에 가능했다. 책을 읽을 때에는 단 한 권의 책이라도 정독을 하여 그것을 자신의 것으로 만들라고 말한다.

어숭이와 개구리

| 제 1 장 |
사임당이 알려주는 성공의 비밀

⑦
긍정적인 마인드로
무장하라

긍정적인 마인드를 가진 사람은 모든 사람들이 절망적이
라고 생각할 때에도 그곳에서 희망을 찾는다. 모두가 불가
능하다고 생각할 때에도 가능하다는 것을 믿는다. 남들이
망했다고 생각할 때 성공의 기회를 발견한다.

전화위복의 기회로
만들다

신사임당이 열여덟 살 때의 일이었다.

강릉에서 어머니의 친척 한 분이 환갑잔치를 하게 되었다. 사임당도 환갑잔치를 하는 친척집에 따라갔다. 안방에 사람들이 모여 이런저런 이야기를 하고 있었는데, 갑자기 건넛방에서 비명 소리가 들려왔다.

"에구머니, 이를 어째?"

주위 사람들과 사임당은 모두 놀라서 건넛방으로 가 보았다. 그곳에는 이 집에서 일하고 있는 금순이가 치마 자락을 잡고서 어쩔 줄 몰라 하고 있었다. 실수로 치마에 국물을 흘린 것이었다. 게다가 그 치마는 잔칫집에 오려고 이웃집에서 빌려서 입고 온 비싼 옷이었다.

치마에 국물을 쏟은 금순이를 비롯하여 주위 사람들은 이를 어떻게 하느냐며 안타까워했다. 그 광경을 목격한 사임당은 무엇인가를 생각하다가 금순이를 향해 침착한 목소리로 말했다.

"잠깐만요. 그 치마를 일단 벗어보세요."

"아니, 어쩌려고 그러십니까?"

"제가 한번 고쳐 볼게요. 벼루랑 붓 좀 가져다주시겠어요?"

옆에 있던 친척 아주머니가 의아한 눈초리로 사임당을 바라보다가 벼루와 붓을 갖다 주었다.

사임당은 벼루에 먹을 바른 솜씨로 갈더니 붓에 먹물을 묻혔다. 그리고 국물이 흘러서 보기 흉하게 된 치마 위에 몇 번의 붓질로 곡선을 그려 나갔다. 그러자 치마 위에 포도넝쿨이 나타났다. 다시 붓이 이리저리 움직이더니 방금 전의 포도넝쿨에 줄기가 생기고, 포도가 주렁주렁 달렸다. 포도는 알맹이가 망울망울 맺혀서 금방이라도 떨어질 듯 보였다.

방 안의 사람들은 그 모습을 숨을 죽이고 바라보고 있었다. 아아, 세상에! 보기 흉하게 된 치마 위에 아름답게 그려진 포도넝쿨을 바라보면서 사람들은 전부 감탄을 하였다.

긍정적인 마인드에는
불가능이 없다

모두들 국물이 묻은 치마가 못쓰게 되었다며 걸레로밖에 쓸 수 없다고 생각할 때 사임당은 포도넝쿨이 그려져 있는 멋진 치마를 생각해냈다.

좋지 않은 상황도 충분히 바꿀 수 있다는 긍정정인 마음을 신사임당이 가지고 있었기 때문에 가능한 일이었다. 어떠한 실망스러운 현실도 새롭게 바꿀 수 있다고 긍정적으로 생각하였기 때문이었다.

치마를 빌려 입은 금순이는 물론 대부분의 사람들은 현실 그 자체만을 보고 걱정한다. 그리고 더 이상 희망이 없다고 생각하고 좌절하고 절망한다. 그러나 사임당을 비롯하여 꿈을 실현한 위대한 사람들은 그러한 절망 속에서도 희망을 본다.

긍정적인 마인드를
어떻게 가질 수 있을까?

그렇다면 사임당은 어떻게 해서 이런 긍정정인 마음을 가지게 되었을까?

첫째, 사임당은 많은 경전과 역사서를 읽으면서 긍정적인 생각을 갖게 되었다. 특히 역사서에 나오는 여러 위대한 인물들의 일화를 보면서 삶에 잠깐의 실패는 있을 수 있으나 그것이 곧 희망이 없는 절망은 아님을 깨닫게 되었다. 그들이 잠깐의 실패를 딛고 일어나 더욱 성공하는 모습들을 보면서 깨닫게 된 것이다. 그리하여 부정적으로 생각하기보다는 긍정적으로 생각하게 되었다.

둘째, 사임당은 고전 작품들을 읽고 긍정적인 생각을 갖게 되었다. 이런 작품들의 이야기를 통해서 사람에게는 죽기 전까지 절망이 없다는 것을 깨닫게 되었다. 사람에게는 살아있는 한 언제나 희망이 있고 다시 일어설 수 없는 절망은 없다는 생각을 가지게 되었다.

4.
긍정의
말을 한다

　긍정적인 마인드를 가진 사람은 긍정적인 말을 한다. 사임당도 긍정적인 마인드를 가지고 있었기 때문에 긍정의 말을 했다. "제가 한번 고쳐 볼게요."라고 긍정의 말을 했다. 이것만이 아니라 항상 긍정적인 말을 했다.

　이원수는 세 아들과 함께 한양으로 과거를 보러 가기 위해 집을 나섰다. 맏아들 선은 이미 세 번이나 과거에 낙방한 처지였다. 둘째아들 번 역시 한 번 낙방한 처지였다. 이들은 또 낙방하는 것은 아닌지 걱정을 했다. 사임당은 작별 인사를 하는 남편과 세 아들을 향해 이렇게 말했다.

　"어려운 문제가 나와도 당황하지 말고 잠시 생각한 뒤에 차분히 쓰도록 해라. 너희들이 설령 합격을 못하더라도 너희들을 나무랄 사람은 한 사람도 없다. 그러니 편안한 마음으로 성실하게 임하고 오너라."

긍적적인 마음은 긍정적인 말을 하게 하고, 긍정적인 말은 다시 긍정적인 마음과 긍정적인 행동을 일으킨다. 그래서 사임당은 걱정하거나 부정하는 말을 사용하지 않고 긍정적인 말을 사용하였다.

갈대와 물새

| 제 1 장 |
사임당이 알려주는 성공의 비밀

⑧
분노를 잘 조절할 줄
알아야 한다

사람은 살아가는 동안 수많은 화나는 일과 만나게 되고 그것으로 인하여 분노하게 된다. 그러나 그 사람의 인격과 품성에 따라 그 분노를 해소하고 조절하는 방법이 달라진다. 고매한 인격의 소유자들은 일상에서 느끼게 되는 작은 분노나 삶이 주는 크나큰 분노를 자기계발의 기회로 승화시켰다.

무능한 데다가
바람까지 피우는 남편

사임당이 일곱 남매를 낳고 나이 마흔을 넘긴 어느 날이었다. 남편 이원수가 밖에 나갔다 들어오더니 뜻밖의 말을 했다.

"여보, 한 가지 당신에게 알릴 일이 있소. 실은 내가 첩을 얻었소."

"당신이 첩을요?"

"예, 그래요."

사임당은 분노가 가슴 밑바닥에서부터 치밀어 올랐다. 머리 끝까지 치밀어 오르는 분노를 삼키고 물었다.

"그 첩이란 여자는 도대체 누굽니까?"

"저 그것이……. 아랫마을 주막집의 주모 권 씨요."

사임당은 더 이상 들을 수 없어서 안방 문을 박차고 나와,

그림을 그리고 있던 방으로 갔다. 사임당은 도저히 끓어오르는 분노를 참을 수 없었다. 그러나 사임당은 분노를 누르고 붓을 잡았다. 그리고 종이 위에 글을 적었다. 화를 나게 한 남편의 이름과 화를 나게 한 이유를 적었다. 이렇게 글로 적는 동안 조금씩 화가 풀려 어느 정도 화를 참을 수 있게 되었다. 그리고 마음이 안정이 되자 그림을 그리기 시작했다.

치욕에서 오는 분노

남편 이원수의 아버지는 벼슬도 얻지 못하고 29세에 일찍 세상을 떠났기 때문에 이원수는 홀어머니 홍 씨 밑에서 외롭게 성장하였다. 어머니 홍 씨가 떡을 만들어 팔아 생계를 꾸려 나갔다. 그러다 보니 이원수는 어려서부터 학문을 접할 기회도 없었고, 따로 지도해 줄 스승이 있는 것도 아니었다. 무엇보다도 이원수 자신이 글 읽는 것을 별로 좋아하지 않았다. 거기다가 특별히 잘 하는 일은 없었고 성격이 우유부단했다.

이원수는 힘들게 공부하는 것은 싫어했지만 유독 벼슬자리에는 관심이 많았다. 만일 그가 이런 욕심이 없었다면 그의 5촌 친척인 이기의 집에 계속 드나들지는 않았을 것이다. 이기는 영의정이라는 가장 높은 벼슬에까지 올랐으나 왕비의 동생

인 윤원형과 손을 잡고 을사사화를 일으킨 인물이었다. 사화^{士禍}
란 선비들이 화를 입었다는 뜻으로 자신들과 뜻이 다른 반대
파의 신하들과 선비들을 죽인 사건을 말한다. 이렇게 위험한
인물에게 부탁할 만큼 이원수는 출세를 원하면서도 열심히 공
부하여 과거에 응시할 생각은 조금도 가지고 있지 않았다.

사임당의 입장에서 볼 때, 남편이란 사람은 사내대장부로
태어나서 뜻도 세우지 않았고, 학문을 열심히 하는 것도 아니
었다. 과거 시험에 여러 번 응시하였으나 낙방만 하다가 조상
덕에 겨우 말단직을 하고 있는 주제에 첩까지 얻다니, 그것도
자신보다 스무 살이나 어린 여자라니 참으로 기가 막힐 노릇
이었다.

물론 조선 시대에는 본처 외에 첩을 두는 것이 법률에 저촉
되는 행위는 아니었다. 그러나 부인 입장에서는 법을 떠나서
화가 나는 일이었고, 첩을 들일 만큼 살림이 넉넉한 것도 아니
었다. 그래서 당시에는 본처와 첩 사이에 갈등이 심했다. 살인
사건까지 일어나는 일이 종종 있었고 이것은 조선 후기로 갈
수록 심해져서 심각한 사회문제로 대두되기도 하였다.

남편이 주막집 주모를 첩으로 삼은 일은 그야말로 가문의
망신이요, 견딜 수 없는 치욕이었다. 사임당은 매일 이런 수치
심을 느끼며 살아야 했다.

화를 푸는 방법

사임당의 분노는 수치심에서 비롯된 것이었다. 남편이란 사람이 주모를, 그것도 자신보다 스무 살이나 어린 여자를 첩으로 삼았을 때 아내로서 감당할 수 없는 수치심을 느꼈을 것이다. 남편이 자신을 무시하고 깔보지 않고서는 일어날 수 없는 일이라고 생각했을 것이다. 이런 생각들을 하면 할수록 치밀어 오르는 분노를 억제할 수 없었을 것이다. 그러나 사임당은 인내했고 그런 분노를 폭발시키지 않고 잘 다스렸다.

화를 폭발시키지 않고 다스리는 여러 가지 방법들 중에 종이에 메모하는 방법이 있다. 화를 나게 한 사람의 이름, 화가 난 이유, 그리고 어느 정도 화가 났는지를 종이에 적어 나간다. 그러면 이렇게 적는 동안에 화가 난 감정이 누그러지고 안정을 되찾게 된다고 한다.

　사임당은 이런 방법을 택했다. 만일 그때 사임당이 분노를 다스리지 못하고 화를 폭발시켰다면 오늘날까지 모든 사람들로부터 존경을 받는 현모양처의 대명사가 되지는 못했을 것이다.

분노를 조절하도록
자녀에게 훈육하다

　사임당은 자신뿐만 아니라 자식에게도 분노를 조절하는 방법을 스스로 터득하라고 가르쳤다. 왜냐하면 사람은 살아가는 동안 반드시 화나는 일들을 만나게 되기 때문이다. 게다가 자신도 경험해 보았기 때문에 더욱더 이런 것을 가르치고 싶었을 것이다.

　사임당의 일곱 남매 중에 둘째아들 번은 인내심도 약하고 다혈질이라서 화를 잘 냈다. 작은 일에도 욱하고 화를 내었다. 그래서 둘째와 형제들 사이에 다툼이 잦았다.

　어느 날 사임당은 둘째아들 번을 불러서 말했다.

　"번아, 너는 형님으로서 동생들을 잘 돌봐야 하지 않겠니? 그런데 화를 참지 못하고 형제들과 자주 싸우는구나. 화가 날 때 화를 누르는 법을 깨우치는 것도 마음의 공부란다. 너는 다른 것보다도 맹자가 하신 말씀들을 읽어보면서 이것을 깨우치는 것이 좋을 것 같구나."

맹자는 마음의 평정심을 유지하는 것이 중요하다고 하였고 사임당은 번에게 이것을 가르치려고 한 것이었다.

신사임당은 한 남편의 아내로서 가장 치욕적인 일을 당했지만 가슴 밑바닥에서부터 끓어오르는 분노를 자기개발이라는 가장 가치 있는 방법으로 승화시켰다. 사람이기 때문에 누구에게나 분노할 일이 생기고 화가 치밀어 오르는 일이 찾아온다. 그 분노를 어떻게 다루는가에 따라서 그 사람의 인생이 바뀔 수도 있다.

⑨
현실을 받아들이되
매몰되지 말라

현실을 받아들인다는 것은 곧 눈앞의 현실을 그대로 인정
하고 따른다는 것이다. 하지만 현실에 매몰되면 미래를 보
지 못하고 부족한 현실만을 바라보면서 불평을 하게 된다.
현실을 어쩔 수 없는 숙명으로 받아들이되 매몰되지 않아
야 미래를 볼 수 있고 현실의 문제들을 극복할 수 있다.

모든 면에서
못마땅한 남편을 만나다

사임당이 이원수와 혼례를 치르고 며칠이 지난 어느 날이
었다.

"쿵! 아이쿠, 아이쿠! 사람 살려."

"아니 자네, 왜 그러는가?"

사임당의 어머니가 놀라서 방에서 뛰어나오고 마당에 있던
사임당의 아버지가 재빠르게 달려왔다. 그러자 이원수가 멋쩍
은 표정으로 말했다.

"아닙니다. 괜찮습니다."

이원수가 방에 들어가다가 머리를 문턱에 받은 것이었다.
그러나 망건이 떨어졌을 뿐 크게 상처를 입거나 특별한 일이
있는 것은 아니었다. 그럼에도 이원수는 무슨 큰일이라도 난

것처럼 호들갑을 떨었다.

　이뿐만이 아니었다. 격식을 차리는 것을 싫어하여 옷도 적당히 입고, 옷매무새도 대충대충 하였다. 사임당의 입장에서는 남편의 행동 하나하나가 못마땅했다.

　남편과 함께 살아가면서 사임당은 남편 이원수의 학식이 부족함을 절실히 느꼈다. 실로 학문적인 면에서나 예술적인 면에서 높은 수준에 이른 사임당으로서는 큰 실망이 아닐 수 없었다. 그러나 사임당은 전혀 내색을 하지 않았다. 주어진 현실이기에 받아들이기로 한 것이다.

지혜롭게
받아들이다

사임당은 여러 면에서 남편보다 뛰어났다. 그렇다고 그녀
가 남편을 무시한다거나 집안 살림을 소홀히 하지는 않았다.
이러한 행동들을 보면 사임당의 성품을 알 수 있다. 사임당은
자신에게 주어진 현실 속에서 할 수 있는 최선의 것을 추구했
다. 자신의 지적인 욕구는 유명한 문학 작품들을 서예로 직접
써 옮기면서, 또한 자식들에게 글을 가르치면서 충족시켰다.
조선 시대의 여성들에게 금기시되었던 예술적인 표현의 욕구
는 초충도와 같은 그림을 그리고 딸들과 자수를 하면서 충족
시켰다.

그리고 신사임당은 자신의 롤모델 태임처럼 누군가를 훌륭
하게 교육시키고 싶다는 욕구도 가지고 있었다. 학문에 대해

서 관심이 없는 남편에게 많은 것을 기대하기는 어려웠기 때문에 어려서부터 뛰어난 재능을 보인 아들 율곡을 친정아버지 신명화와 같은 훌륭한 학자로 키우기로 마음먹었다. 결국 사임당은 이러한 욕구들을 모두 훌륭하게, 그리고 모나지 않게 성취했다. 사임당이 현실을 있는 그대로 받아들이고 자신이 할 수 있는 일을 지혜롭게 판단했기 때문에 가능한 일이었다.

남편 이원수는 거의 평생을 무위도식하면서 살았다. 그는 군자 같은 아내에게 의지하면서도 딸 같은 주모 권 씨에게 애정을 구하는 사람이었다. 주모 권 씨와 재혼을 하게 되면 신사임당과 사이가 좋지 않았던 계모 권 씨로부터 자식들이 받게 될 고통 따위는 생각하지도 않고 자신의 욕망만을 채우는 그런 인물이었다. 한 마디로 소인小人이었다.

대쪽 같은 성품으로 덕망이 높았던 외할아버지와 아버지 밑에서 자란 사임당으로서는 남편을 볼 때마다 한심하다고 느꼈을 것이다.

사임당은 48세라는 젊은 나이에 세상을 떠났다. 이것은 일곱 남매를 낳고 키우는 어머니의 역할 뿐만 아니라 스승의 역할까지 하면서 고생이 심했고 거기에 더해 남편 때문에 정신적으로 많은 고생을 했기 때문일 것이다.

답답한 현실을 극복하기 위한 방법, 자기개발

사임당은 이런 답답한 현실과 정신적인 고통을 붓글씨를 쓰고 화폭에 그림을 그리면서, 그리고 아이들을 가르치면서 이겨 나갔다. 자신 앞에 놓인 현실을 직시하고 받아들이면서도 그 현실에 굴복하거나 매몰되지 않고 자신의 주체적인 삶을 살았다.

혼인한 여성으로서 가장 큰 고통은 남편의 사랑을 받지 못하고 자기보다 한참 어린 여성에게 남편을 빼앗기는 것일 것이다. 사임당이 아무리 군자의 덕을 쌓았을지라도 한 남편의 아내였음은 분명하다. 아내로서 도저히 감당할 수 없는 상처와 분노, 고통을 오로지 붓글씨와 그림 그리는 일, 아이들을 가르치는 것으로 승화시켜서 감내하였다. 자신에게 닥친 운명을 있는 그대로 받아들이면서도 좌절하지 않고 굳건하게 자신의 삶을 열정적으로 살았던 것이다.

자신의 불우한 현실에 매몰되지 않고 승리하여 위대한 업적을 남긴 사람들을 우리는 많이 알고 있다.

우주 과학자 스티븐 호킹 박사는 대학생이었던 21세에 자신이 루게릭병에 걸린 것을 알게 되었다. 처음에는 충격을 받아 고통스러운 현실에서 벗어나려고 술만 마셨다. 그러나 곧 현실을 받아들이고 더욱 적극적으로 살게 되었다.

"나는 삶에 대해 지겨워하고 있었습니다. 하지만 병에 걸렸다는 것을 알고 나서야 내가 죽지 않는다면 내가 할 수 있는 일이 많다는 것을 깨닫게 되었습니다. 놀랍게도 나는 옛날보다 지금 나의 삶을 더 즐기게 되었습니다."

훌륭한 업적을 남긴 사람치고 좌절을 겪지 않은 사람은 한 사람도 없다고 해도 과언이 아니다. 그들은 답답한 현실을 뛰어넘어 인생이라는 거대한 경쟁에서 이기려는 남다른 의지가 있었기 때문에 성공할 수 있었다.

사임당은 어려운 형편에 열한 명의 대가족을 이끌어가는 가장으로서의 고통과 남편 때문에 받았을 정신적인 고통을 자기개발로 승화시켜서 많은 업적을 남겼다. 현실에 매몰되지 않고 현실을 지혜롭게 받아들였다.

| 제 1 장 |
사임당이 알려주는 성공의 비밀

⑩
자기개발은
빠를수록 좋다

어린 나이에 자기개발을 하려면 무엇보다 부모가 먼저 자녀의 실력을 인정하고 지원을 해줘야 한다. 그리고 부모의 인정과 지원을 받기 위해서는 먼저 자신의 재능과 실력을 부모에게 보여주어야 한다. 이렇게 해서 부모로부터 인정을 받고 적극적인 후원을 받게 되면 이미 절반은 성공했다고 할 수 있다.

모두가 인정하는
그림을 본뜨다

사임당은 종이 위에 그림을 그리고 있었다.

"얘야, 뭐 하고 있느냐?"

아버지 신명화가 딸아이의 뒤로 다가가면서 물었다. 그는 누가 오는 줄도 모르고 그림 그리는 것에 열중하고 있는 딸의 모습을 오늘 처음 본 것은 아니었다. 자주 보았기 때문에 오히려 익숙한 모습이었다. 당시에는 여자가 집 밖으로 마음대로 나갈 수 없었기 때문에 마당 안에서 막대기를 가지고 흙 위에다가 나비와 꽃을 그리고 있는 사임당의 모습을 자주 보곤 했다. 그래서 한양에 갔다가 그림을 좋아하는 딸이 생각나서 안견(安堅)의 그림, 몽유도원도를 어제 사다 주었다. 신명화는 그때까지 딸이 그저 심심풀이로 그림을 그리는 줄 알았다. 하지만 오늘은 딸이 안견의 그림을 옆에 놓고 붓을 이리저리 움직이고 있는데 어린아이가 그린 것이라고는 믿을 수 없을 정도로 먹의 농도까지 신경 써가면서 그대로 따라 그리고 있는 것이 아닌가?

안견은 인물화의 대가 최경과 더불어 그 시대에 화가로서 쌍벽을 이루었던 모두가 인정해주는 인물이었다. 몽유도원도는 세종대왕의 셋째아들 안평대군의 꿈 이야기를 안견이 듣고서 3일 만에 완성한 그림이었다. 기암절벽 위에 분홍색 꽃으로 뒤덮인 복숭아나무들이 가득한 그림이었는데 꿈속의 무릉도원을 표현한 신비로운 작품이었다. 신사임당은 이 그림을 보고 큰 감동을 받아 자신도 잘 그리고 싶었다.

사임당은 아버지가 등 뒤에서 보고 있는 줄도 모르고 열중하고 있었다. 신명화는 딸의 그림 솜씨가 보통이 아닌 것을 알게 되었고, 그림 그리는 것을 그저 심심풀이로 생각하지 않는다는 것도 알게 되었다. 딸이 그림에 재능이 있다는 것을 이제야 알아본 것이다.

'묻히기에는 너무 아까운 재능이구나!'

딸의 재능을 발견한 신명화는 딸이 그 재능을 유감없이 발휘할 수 있게 적극 지원하기로 결심하였다.

신명화는 그 다음날 장에 가서 종이와 붓, 물감 등을 구입해서 딸에게 주었다.

사임당은 아버지가 붓과 종이, 물감 등을 사오자 무척 기뻤다. 아버지의 지원을 얻는 데 성공했기 때문이다. 그토록 바라던 것들이 이루어진 것이다. 이제부터 자신의 꿈을 마음대로 펼칠 수가 있었다. 마음껏 그림을 그릴 수 있었기 때문에 사임당은 신이 났다.

부모의 적극적인 지원이 필요한 이유

어릴 때부터 시작해야 되는 자기개발은 부모의 적극적인 지원이 있어야 가능하다. 부모가 인정해주고 적극 후원해줄 때 꽃을 피울 수 있다.

사임당이 그림 공부를 하려면 누구보다도 아버지의 인정과 적극적인 지원이 필요했다.

당시에는 그림 그리는 사람을 미천하게 생각하고 손가락질하는 시대였기 때문에 사대부의 딸이었던 신사임당은 아버지의 허락 없이 마음 놓고 그림을 그릴 수 없었다.

또한 그림을 그리려면 글공부와는 달리 붓과 물감, 종이 등이 필요한데, 그때는 특히 종이를 구하기 힘든 시대였다.

아버지의 허락 없이는 종이나 화구를 구하는 것도 거의 불가능했다.

결국 아버지의 허락이 절대적으로 필요했던 것이다.

3.
열과 성의를
다하다

그리하여 사임당은 틈만 나면 그림을 그렸다. 마당에 있을 때는 나무 막대기가 붓이요, 마당의 흙이 화폭이었다. 마당에서 볼 수 있는 꽃과 풀, 날아다니는 나비와 풀벌레 등을 자세히 관찰하고 그렸다. 그리고 종이가 생기면 그림을 그려서 아버지에게 보여드렸다. 아버지의 인정을 받기 위함이었다. 그림 그리는 일에 열과 성의를 다하자 그림 그리는 솜씨가 하루가 다르게 늘었다.

특히 아버지가 집에 계신 날은 아버지에게 인정을 받기 위해서 새벽부터 일어나서 그림을 그렸다. 그럼에도 불구하고 아버지는 딸이 그저 취미로 그림을 그리는 줄로 알았다. 오늘 안현의 그림을 그리는 딸의 모습을 보기 전까지는 말이다.

플러스알파의
효과

　사임당은 마침내 자신이 원하는 대로 아버지의 인정과 후원을 끌어내는 데 성공했다. 이것은 아버지의 후원 외에도 추가적인 효과를 가져왔는데, 즉 사임당이 결혼한 뒤에도 계속해서 자기개발을 할 수 있도록 아버지가 세심하게 배려해 주었다는 것이다.

　아버지는 딸의 재능을 발견하고 자신이 거느리고 있을 때는 물론 시집을 간 뒤에도 딸이 계속해서 자기개발을 할 수 있기를 바랐다. 그리하여 혼사에 대한 얘기가 오갈 때 여러 훌륭한 집안에서 제안이 들어왔지만 모두 거절하였다. 그런 집안에서는 그림을 그리는 것이 불가능했기 때문에 결혼 후에도 계속해서 자기 개발을 허락할 수 있는 사위를 물색하였던 것이다. 결국 자기 딸보다 여러 면에서 부족하지만 그림 그리는 것을 이해해 주는 이원수를 사위로 맞이하게 되었다. 덕분에 사임당은 명을 다할 때까지 붓을 놓지 않을 수 있었으며, 오백여 년이 지난 오늘까지도 조선 시대의 몇 안 되는 여류 화가로 이름을 남길 수 있었다.

아버지 신명화는 한양에서 태어났으며 천성이 순박하고 강직하였고 학문과 인격이 뛰어난 인물로 정평이 나 있었다. 그는 딸만 다섯이 있었고, 그 중 둘째딸이 신사임당이었다. 당시에는 딸에게 글은 물론이요, 그림도 가르치지 않았지만 그는 다른 생각을 가지고 있었다. 이런 아버지였기에 시대의 흐름에 역행하면서 딸이 자기개발에 힘쓰도록 적극 지원을 아끼지 않았던 것이다.

재능을 알아주지 않는다고
한탄하지 않았다

　여기서 우리가 주목해야 할 것은 사임당이 자신의 재능을 펼치기 위해서 어떻게 노력을 했는가 하는 것이다. 즉 아버지로부터 인정과 지원을 받기 위해서 수많은 노력을 했다는 점이다.

　또한 그렇게 될 때까지 사임당은 부모가 자신의 재능을 인정해주지 않는다고 불평하지 않았다. 부모님의 무관심을 탓하지 않고 자신의 재능을 인정받을 때까지 자신의 실력을 쌓으면서 계속 노력하였다. 그리고 그 노력의 결과로 아버지의 인정과 지원을 얻어 본격적으로 자기개발을 할 수 있었다.

　자기개발이 필요한 것 중에서도 어린 나이에 시작할수록 유리한 것들이 많이 있다. 만약 자신의 자녀가 성공하기를 바란다면 어릴 때부터 자녀들의 재능을 살피는 부모의 관심과 지원이 꼭 필요하다는 것을 기억해 둘 필요가 있다.

인간으로
반드시
지켜야 할 덕목

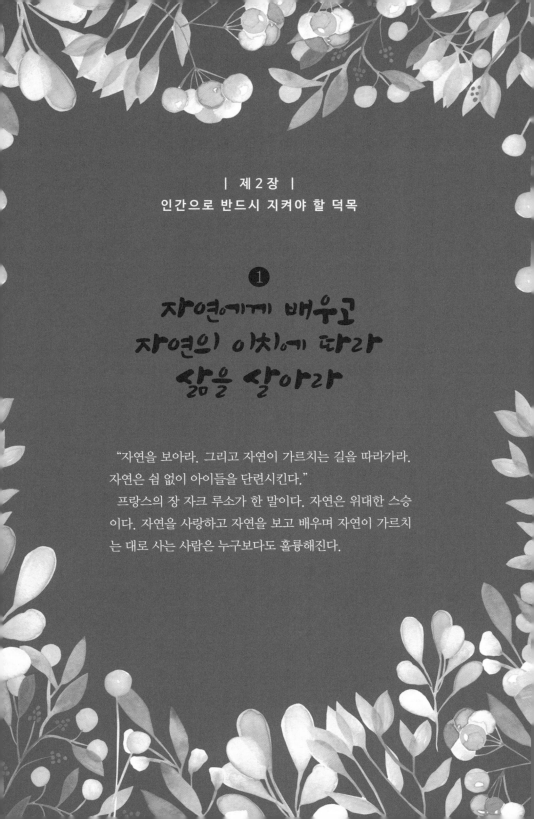

| 제 2 장 |
인간으로 반드시 지켜야 할 덕목

①

자연에게 배우고
자연의 이치에 따라
삶을 살아라

"자연을 보아라. 그리고 자연이 가르치는 길을 따라가라.
자연은 쉼 없이 아이들을 단련시킨다."
　프랑스의 장 자크 루소가 한 말이다. 자연은 위대한 스승
이다. 자연을 사랑하고 자연을 보고 배우며 자연이 가르치
는 대로 사는 사람은 누구보다도 훌륭해진다.

자연의
위용을 보았다

사임당이 일곱 살 때의 일이다. 어느 여름날 사임당의 어머니와 딸 셋이 같이 바닷가를 거닐다가 발걸음을 멈추었다. 그리고 모래사장에 나뭇가지로 그림을 그리며 놀고 있었다. 사임당은 주위에 보이는 소나무를 그리고 있었다. 그런데 그림을 다 그리기도 전에 파도가 밀려오더니 그리고 있던 그림을 휩쓸고 가버렸다. 사임당은 애써 그리던 그림이 순식간에 사라지는 모습을 보게 되었다.

이 때 어머니가 다가와서 말했다.

"네가 한참 동안 그린 그림을 파도가 순식간에 휩쓸고 가는 것을 보았니?"

"네, 거의 다 그렸는데……."

"사람의 큰 노력도 자연 앞에서는 물거품처럼 사라질 수 있
단다. 그러니 항상 겸손해야 한다."

사임당은 자연의 힘을 다시금 새롭게 생각하게 되었다.

자연을 사랑하며,
자연 속에서 성장하다

사임당은 어머니의 친정집에서 태어났다. 강원도 강릉 북평촌, 지금은 강릉시 죽헌동에 속하는 곳으로 이곳에 있는 오죽헌이 그곳이었다.

북평촌은 대관령의 푸른 대자연과 동해의 푸른 바다가 넘실거리는 아름다운 곳이었다.

사임당은 가끔 언니와 함께 넓고도 먼 푸른 바다를 바라보면서 바닷가를 거닐기도 했고 봄, 여름, 가을, 겨울이 분명하게 변하는 대관령의 들과 냇가에서 나물을 뜯기도 했다.

사임당은 자연 속에 살면서 자연을 사랑하게 되었다. 그녀는 마당에 피어 있는 꽃들을 좋아했다. 그래서 여름에 가뭄이 들면 누가 시키지 않았는데도 꽃에 물을 주었고, 틈 날 때마다 잎에 묻은 먼지를 닦아주기도 했다. 꽃잎 하나하나, 풀잎 하나하나를 소중히 여기고 사랑했다.

그뿐만 아니라 담벼락에 심어놓은 포도 넝쿨을 손질하는 것도 모두 사임당의 몫이었다.

꽃 사이로 날아다니는 나비도 좋아했다. 나비가 날아들면 사랑스러운 눈으로 바라보다가 그 나비의 아름다운 모습을 따라 그리기도 하였다. 사임당은 언니나 동생들보다 특별히 자연에 관심이 많았다.

사람의 됨됨이는 어린 시절에 대부분 결정된다고 한다. 사임당이 숨쉬고, 뛰어다니며 자랐을 북평촌의 대자연이 어린 시절의 그녀에게 많은 영향을 끼쳤을 것이다. 위대한 스승처럼 그녀의 마음속에 많은 가르침을 주었다.

사임당은 경전을 통해서도 자연에 대한 이치를 깨달았다. 사임당이 읽은 글 중에는 다음과 같은 내용도 있었다.

"하늘에는 사복私覆이 없고, 땅에는 사재私載가 없으며 일월에는 사조私照가 없다."

하늘은 사사롭게 어떤 것을 뒤덮지 않고, 땅은 사사롭게 어떤 것을 떠받치지 않으며, 해와 달은 사사롭게 어떤 것을 비추지 않는다. 자연은 그만큼 욕심이 없고 순수하다는 것이다.

이러한 자연과 함께 하면서 사임당도 순수한 마음을 지니게 되었고 자연을 가꾸고 돌보면서 자연을 사랑하게 되었다.

　자연을 사랑했기 때문에 사임당이 그린 작품 역시 대부분 자연에 관한 것이었다. 포도송이, 나비, 방아깨비, 벌, 매화꽃 등 자연의 모습을 화폭에 담았다.

　자연의 모든 것들은 봄, 여름, 가을, 겨울 계절에 따라 자신의 모습을 바꾸거나 계절의 변화에 적응하면서, 계절에 저항하지 않고 순응한다. 사임당도 현실에서 접하게 되는 온갖 어려움을 이겨내면서 자연의 이치에 따라 현실에 순응하면서 살았다. 이것은 자연과 함께 호흡하면서 자연에게 배운 삶의 자세였다.

산차조기와 사마귀

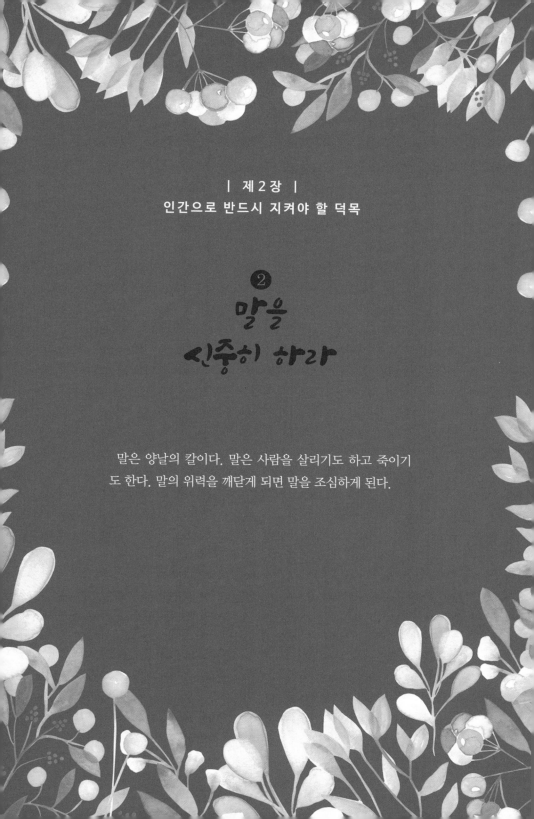

| 제 2 장 |
인간으로 반드시 지켜야 할 덕목

②
말을
신중히 하라

말은 양날의 칼이다. 말은 사람을 살리기도 하고 죽이기
도 한다. 말의 위력을 깨닫게 되면 말을 조심하게 된다.

잘난 척하지 않았다

사임당이 한양의 시집에 가서 생활할 때의 일이다. 시어머니의 생신을 맞아 친척과 동네 사람들이 집에 모여 잔치를 하게 되었다. 손님 중에 여자들은 따로 한 곳에 모여서 잔칫상 앞에 앉아 술을 마시면서 큰 소리로 요란하게 수다를 떨고 있었다. 그런데 유독 사임당은 아무 말 없이 손님들이 하는 이야기를 듣고만 있었다. 그런 사임당의 모습을 지켜보던 시어머니 홍 씨가 사임당에게 말했다.

"며늘아기야, 왜 한마디도 하지 않느냐?"

그때서야 비로소 사임당은 입을 열었다.

"여자로 태어나서 문 밖에 나가 세상을 본 일이 거의 없습니다. 본 것이 없는데 무슨 할 말이 있겠습니까?"

사임당은 이렇게 대답하고 다소곳이 물러나 있었다. 사임당은 술을 마시며 크게 떠드는 여자들의 행동이 유교의 도리에 맞지 않는다는 것을 알고 있었지만 잔치의 분위기를 망치지 않기 위해서 돌려 말한 것이었다.

말을
조심한 이유

사임당은 평소에 반드시 필요한 말만 하고 말을 조심하는 편이었다. 어려서부터 어머니에게 말을 조심하라는 가르침을 많이 받았기 때문이었다.

사임당은 바느질을 할 때처럼 시간이 있으면 어머니로부터 〈내훈〉에 대한 이야기를 자주 들었다.

〈내훈〉은 성종의 어머니인 인수대비가 여자만을 위한 교양 서적이 없음을 안타깝게 여겨 여러 책에서 여자들에게 필요한 내용만을 모아서 쓴 책이었다.

"여자가 지켜야 할 네 가지 행실이 있단다. 첫째가 부덕婦德이다. 언제나 마음가짐을 바르게 하고 바르게 처신하여야 한다. 둘째는 부언婦言이다. 항상 말을 가려서 해야 하며 나쁜 말이나 남이 싫어하는 말은 절대로 하지 말라는 뜻이다. 셋째는 부용婦容이니 몸가짐을 항상 깨끗하게 하라는 뜻이다. 넷째는 부공婦功이다. 쓸데없이 놀지 말고 부지런히 집안일을 해서 솜씨를 키우라는 뜻이다. 이 네 가지가 다 중요하지만 그 중에서도 '말을 조심하라'는 두 번째가 특히 중요하단다. 여러 사람들 앞에서는 더욱더 말조심을 해야 한다."

말을 하다 보면 다른 사람을 칭찬하는 말보다는 흉보는 말을 하는 것이 더 쉽기 때문에 말을 조심하라는 것이고, 특히 여러 사람들이 모인 곳에서는 자신의 자랑을 늘어놓거나 잘난 척을 하다가 거짓말을 하거나 말실수하는 일이 많기 때문에 더욱 조심하라는 것이었다.

사임당은 '말을 조심하라'는 어머님의 가르침을 마음속에 깊이 간직하고 말하기 전에 여러 번 생각을 했다.

혀를 놀리다
신세를 망친 하돈

사임당의 어머니는 혀를 잘못 놀리다가 신세를 망친 사람의 이야기도 들려주었다.

"중국 남북조 시대 때, 북주의 장군 하돈은 전쟁터에서 혁혁한 공을 세우고 돌아왔다. 그 공으로 임금님에게 상을 받았으나 자신의 공에 비해서 상이 마음에 들지 않는다고 임금님에게 말 한마디를 잘못하여 사형을 받게 되었다. 그러자 아들 하약필을 불러 이렇게 유언을 했다.

'내 평생 후회되는 일은 한 번도 하지 않았는데 한마디 말을 잘못하여 이제 형장의 이슬로 사라지게 되었다. 이 애비가 너에게 부탁하니 부디 입을 함부로 놀리지 마라. 나의 유언이니 평생 잊지 말고 명심하여라.'

하돈은 말을 마치자마자 품 안에 감추어 두었던 송곳을 꺼내어 아들의 혀를 찔렀다. 아들이 혀에 난 상처를 되새기며 자신의 말을 잊지 않게 하기 위함이었다.

그러고는 사형을 당했다. 아들 하약필은 아버지의 유언을 깊이 명심하고 말조심하여 왕에게 신임을 얻어 명장으로 이름을 날렸다."

윗사람은
더욱 신중히 말을 하라

　다산 정약용은 〈목민심서〉에서 누구나 말조심을 해야 하고, 특히 윗사람은 더욱 말을 신중히 해야 한다고 다음과 같이 강조하였다.

　"백성의 윗사람이 된 사람은 한 번 움직이고, 한 번 멈추고, 한 마디 말하고, 한 번 침묵하는 것을 아랫사람들이 모두 살펴 의심쩍게 생각하는 법이니, 한마디 말이 방에서 문으로, 문에서 마을로, 마을에서 사방으로 새어나가서 온 나라에 다 퍼지게 된다. 군자는 집 안에 머물 때에도 응당 말을 조심해야 하거늘, 하물며 벼슬살이를 할 때에는 말할 필요가 없다."

　사임당의 일곱 남매는 어머니의 가르침대로 말을 조심하여 한 번도 말실수로 낭패를 보는 일이 없었다.

5.
신중하게
말하는 방법

　우리는 말을 할 때 성급하게 하지 말아야 한다. 상대의 말이 끝나기가 무섭게 이것을 받아서 말을 하지 말고 조금 여유를 두었다가 말을 해야 한다.

　성급하게 말을 하다가 보면 뜻하지 않게 실수를 하게 된다. 여유를 두지 않고 말을 하면 생각 없이 말을 하게 된다. 상대의 말뜻을 제대로 헤아릴 여유도 없어진다. 따라서 조금 여유를 갖고 상대가 무슨 말을 한 것인가 생각한 다음에 말을 하게 되면 실수를 줄일 수 있다.

　또한 말에는 상대의 기를 살려주는 말과 기를 꺾는 말, 두 가지 종류의 말이 있다.

　기를 살려주는 말은 상대에게 의욕을 북돋아 더욱 힘이 나게 하지만, 상대의 기를 꺾는 말은 상대를 좌절하게 하고 의욕을 잃게 만든다.

칭찬하는 말과 격려의 말이 기를 살려주는 말이다. 따라서 다른 사람이 칭찬받을 만한 일을 했을 때는 칭찬을 아끼지 말아야 한다. 또한 실패로 좌절하고 있을 때 따뜻한 격려의 한마디는 그 사람에게 무한한 용기를 준다. 사임당은 맏아들 선이 과거에 세 번이나 낙방했을 때에도 기를 꺾는 말을 하지 않고 기를 살려주는 말을 하였다. 그 결과 41세의 나이까지 계속하여 과거 시험에 도전하게 되었고, 결국 과거에 급제하여 벼슬길에 올랐던 것이다.

원추리와 개구리

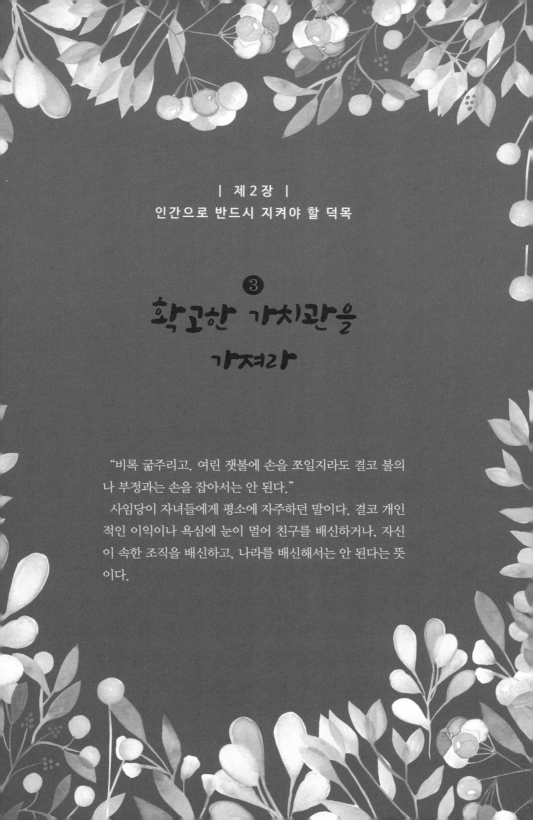

| 제 2 장 |
인간으로 반드시 지켜야 할 덕목

③
확고한 가치관을
가져라

"비록 굶주리고, 여린 잿불에 손을 쪼일지라도 결코 불의
나 부정과는 손을 잡아서는 안 된다."

사임당이 자녀들에게 평소에 자주하던 말이다. 결코 개인
적인 이익이나 욕심에 눈이 멀어 친구를 배신하거나, 자신
이 속한 조직을 배신하고, 나라를 배신해서는 안 된다는 뜻
이다.

불의한 권력과 손잡으려는
남편 이원수

사임당의 남편 이원수는 공부하는 것을 싫어하여 과거 시험을 통과하지 못했고 벼슬길에도 오를 수가 없었다. 그런 이원수에게 아주 좋은 기회가 찾아왔다. 그것은 아버지의 사촌이자 자신의 오촌 당숙이었던 사람이 조선 시대 최고의 관직인 영의정에 오른 것이었다. 그가 바로 이기_{李芑}였다.

연산군 7년에 문과에 급제한 이기는 문무에 재주가 뛰어났으나 그의 장인이 뇌물을 받은 적이 있어 높은 벼슬을 얻지 못하고 종6품의 낮은 벼슬을 전전하였다. 세월이 흘러 인종 때 우의정까지 오르고 당시 문정왕후의 남동생이었던 윤원형과 결탁하여 을사사화를 일으켜 많은 선비들을 죽음으로 몰아넣었다. 그 후에 세력을 잡아 영의정까지 오른 것이었다. 권세가 높아지자 많은 사람들이 그의 집을 드나들기 시작했다. 그 중에는 사임당의 남편 이원수도 끼어 있었다.

이 사실을 알게 된 사임당은 남편 이원수에게 말했다.

"그릇된 권력과 손을 잡으면 안 됩니다. 아무리 친척이 영의정이라고 해도 그 분은 불의하게 권력을 잡은 사람입니다. 옳지 못한 방법으로 권력을 잡은 사람은 반드시 망합니다. 그러니 지금부터 그 집에는 출입을 삼가세요."

사임당은 이렇게 만류하는 것으로 끝나지 않고 시경에 나오는 '군자의 덕'을 칭송한 시를 읊어 주었다.

뻐꾸기 어미가 뽕나무에 앉아 있네.
새끼는 일곱 마리.
군자와 그 행동이 같구나.
서로의 마음이 단단히 엮여 있네.
뻐꾸기의 어미는 뽕나무에 앉아 있네.
새끼들은 매화나무에 앉아 있네.

– 이하 생략

이 시는 뻐꾸기 어미가 이 나무, 저 나무를 바삐 움직이며 새끼들을 골고루 챙기는 모습을 군자에 비유한 시이다. 즉 윗사람은 뻐꾸기처럼 백성들을 챙겨야 하지만 이기는 뇌물을 받아 자신의 재물만을 늘리니 군자가 아니라는 것을 이야기하는 것이었다.

결국 이원수는 사임당의 권유에 따라 그날부터 당숙의 집에 출입을 삼갔다.

세월이 흘러 선조가 임금의 자리에 오른 뒤 을사사화를 일으켰던 근거가 모두 날조였음이 밝혀지면서 이기는 윤원형 등과 함께 지목되어 모두 화를 당했다. 이원수는 사임당의 권유를 받아들인 탓에 다행히 화를 면할 수 있었다.

2.
출세와 재물을 취하는 유일한 방법, 관직

조선 시대에는 출세하려면 반드시 관직을 얻어야만 했다. 관직이 없는 사람은 관직이 있는 사람이 시키는 대로 명령에 따르는 하수인에 불과하였다. 그리하여 모든 선비들이 관직에 오르려고 과거 공부에 힘썼다. 과거에 급제하거나 아니면 권력을 가진 사람에게 빌붙어서라도 관직을 얻어야만 사람 구실을 하고 사람답게 살 수 있는 시대였다. 이러한 시대에 관직을 얻으려는 남편을 말린 이유는 다음과 같다.

첫째, 사임당은 불의하게 권력을 잡으면 얼마 가지 않아 그 권력을 잃게 됨은 물론 집안까지도 망한다고 생각했다. 불의한 권력은 반드시 망한다는 것을 사임당은 고전과 역사서를 읽으면서 깨달았다.

게다가 조선 시대에는 당쟁이 끊이지 않았다. 당쟁에서의 승리는 가문의 부귀영화를 뜻하지만, 패배는 가문의 몰락을 의미했다. 이런 상황에서 자칫 줄을 잘못 섰다가는 집안 전체가 화를 입을 것이 뻔했다.

사임당은 아버지 신명화의 친구들이 기묘사화 때 화를 입었다는 사실도 알고 있었다. 신명화도 같이 잡혀갔으나 관직이 없어 간신히 화를 면할 수 있었다. 사임당은 이러한 정치적 사건들을 직접 겪으면서 불의한 권력은 반드시 망한다는 확고한 신념을 갖게 되었다. 그래서 불의한 권력과 손잡으려는 남편을 말렸다.

둘째, 부당하게 돈을 모아 부자로 사는 것보다는 청빈을 택했다.

당시에 큰 재산을 모으려면 관직에 올라야 했다. 관직이 있어야 녹봉도 받고 재물을 모을 수 있었다. 남편 이원수가 가난을 면하기 위해서 할 수 있는 일은 어떻게 해서라도 관직을 얻는 것밖에 다른 길이 없었을 것이다.

하지만 사임당은 부당한 방법으로 관직에 올라서 재산을 모으고 부자가 되는 것보다 자신의 뜻과 신념을 지키기 위해서 청빈淸貧을 택했다. 그래도 청빈하게 살려면 어느 정도의 재산은 있어야만 했다. 그래서 사임당은 친정으로부터 도움을 받는 방법을 택했다. 궁색하지만 이것이 자신의 신념을 지키면서 생계를 꾸릴 수 있는 유일한 방법이었다.

셋째, 확고한 가치관이 있었다.

사임당은 "사람은 군자답게 살아야 한다."라는 철학을 가지고 있었다. 여기서 군자란 높은 인격을 완성한 사람을 말한다. 쉽게 말해서, 군자답게 산다는 것은 불의와 부정을 멀리 하고 양심에 따라 사는 것을 말한다. 이때 불의와 부정을 판단하려면 무엇이 옳고 그른지를 판단할 수 있는 자신만의 가치관이 있어야 한다. 사임당은 이런 확고한 가치관이 있었다. 이 가치관에 따라 불의한 권력에 편승하여 좀 더 편안하게 살고자 하는 남편을 말렸던 것이다.

사임당은 어지럽고 혼탁한 시대를 살아가는 우리에게 사람답게 살기 위해서는 확고한 가치관을 가져야 한다고 말한다. 어느 것이 옳으며, 무엇이 정의인지를 구분할 수 있는 가치관을 세우라고 말한다.

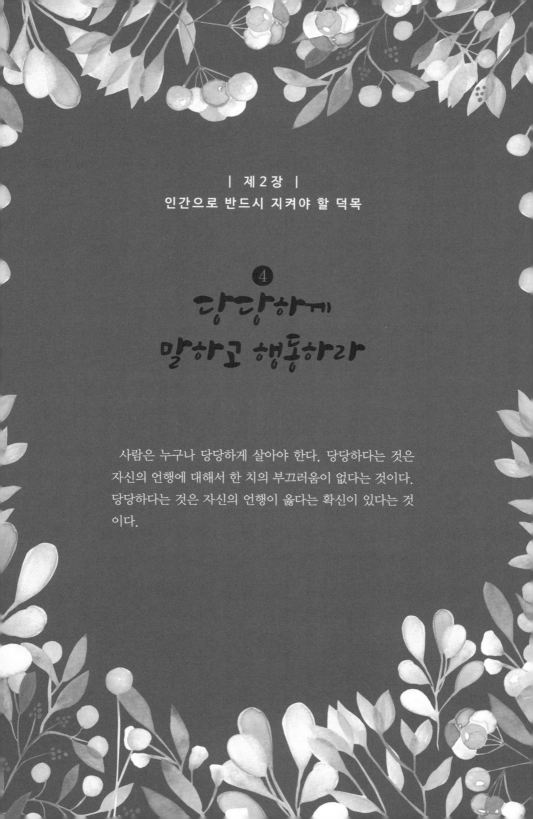

| 제 2 장 |
인간으로 반드시 지켜야 할 덕목

④
당당하게
말하고 행동하라

사람은 누구나 당당하게 살아야 한다. 당당하다는 것은
자신의 언행에 대해서 한 치의 부끄러움이 없다는 것이다.
당당하다는 것은 자신의 언행이 옳다는 확신이 있다는 것
이다.

자신이 죽은 뒤에
남편이 재혼하는 것을 반대하다

사임당은 죽기 전에 자신의 죽음을 미리 예견하고 있었다. 자신이 세상을 떠나면 남은 자식들의 장래가 어떻게 될까 무척이나 염려되었다.

그러다가 어느 날 남편 이원수에게 이렇게 말을 했다.

"내가 죽은 뒤에 새장가를 들지 마세요. 우리에게는 일곱 남매나 있는데 더 이상 무엇을 바라십니까? 부디 제 말을 잊지 마시고 공자가 쓴 〈예기〉의 교훈을 기억하세요."

예기는 공자와 그의 제자가 각종 의례의 의미를 쓴 책으로, 여기에는 혼례의 의미도 적혀 있었다. 사임당은 한 여자로서 단순한 질투심 때문에 이런 말을 한 것이 아니었다. 예나 지금이나 계모와 전처의 자식 사이에는 항상 갈등이 있어 왔다. 사임당은 자신이 죽은 뒤에 자식들이 겪게 될 고초를 뻔히 내다 보고 있었다.

그러자 남편 이원수는 못마땅한 표정으로 물었다.

"그렇다면 공자가 아내를 내쫓은 것은 무슨 예법이란 말이오?"

사임당은 차분한 목소리로 말했다.

"공자와 그의 가족들은 노나라 소공 때 전쟁이 일어나서 피난을 갔습니다. 이때 공자의 아내는 남편을 따라가지 않고, 송나라로 가버린 것입니다. 그 뒤로 두 사람이 같이 살지 못했을 뿐, 공자가 아내를 내쫓았다는 이야기는 없습니다."

"그럼 증자가 부인을 내쫓은 것은 또 무슨 까닭이오?"

"증자의 아버지가 찐 배를 좋아하였는데, 부인이 배를 찌지 않고 생으로 내왔기 때문에 부모 공양의 도리를 다하지 못하여 어쩔 수 없이 아내를 내보낸 것입니다. 그러나 증자도 한 번 혼인한 예를 존중해서 새장가는 들지 않았다고 합니다."

이원수는 사임당의 논리 정연한 설명과 설득에 할 말을 잃었다. 사임당은 간절함과 비장함이 섞인 목소리로 당당하게 힘을 주어 말했다.

"부탁하오니 내가 죽거든 새장가를 가지 마세요."

이원수는 아무 말 없이 밖으로 휑하니 나가버렸다.

당당할 수 있는
조건

당당한 사람이 되려면 어떻게 해야 할까?

첫째, 솔직한 사람이 되어야 한다.

자신에게 솔직한 사람이 다른 사람에게도 떳떳할 수 있다. 마음속에 거짓을 품고 살게 되면 언젠가는 스스로 무너지게 되어 있다. 자신이 자신을 믿지 못하기 때문이다.

둘째, 자신의 말과 행동이 일치되도록 노력해야 한다.

말과 행동이 일치하지 않으면 스스로에 대해서 부끄러움을 느끼게 되는 것이 인간의 본성이다. 일단 말을 했으면 그 말대로 행동하도록 노력해야 한다.

셋째, 성실함이 뒷받침되어야 한다.

게으른 사람들은 자기 자신에 대해서 불만을 가지고 부정적으로 생각하게 되는 경우가 많다. 그러나 성실함이 몸에 밴 사람은 자기 자신을 긍정적으로 생각한다.

생각과 행동의 방향성이 일치하고 꾸준할 때 우리는 그 사람을 성실하다고 말한다. 성실한 사람은 긍정적인 생각과 자신감을 갖게 되어 당당한 사람이 된다. 우리가 일상에서 생활할 때 자신의 행동에 일정한 방향성을 유지하려는 노력이 필요한 이유도 이 때문이다.

누구나 가끔은 거짓말을 할 때가 있다. 자신의 부끄러운 모습을 감추기 위해 거짓말을 하게 되는 것도 인간의 본성이다. 그러나 그런 변명이 자신 스스로를 더욱 부끄럽게 한다는 것을 알아야 한다. 솔직하게 말하고 잘못을 인정하며 말과 행동을 일치시키려는 성실함이 당당함을 만든다는 사실을 인식하여야 한다. 당당함은 결국 자신이 만들어 내는 것이다.

| 제 2 장 |
인간으로 반드시 지켜야 할 덕목

⑤
겸손할 줄
알아야 한다

　　겸손하다는 것의 사전적인 의미는 '남을 존중하고 자신을 낮춘다'는 것이다. 하지만 겸손하다는 것이 실제로는 자신을 낮추는 것이 아니라 자신을 높이는 일이다. 사임당은 자신을 낮춤으로써 자신의 품격을 높였고, 자신을 낮춤으로써 더 많은 사람들로부터 호감을 얻었다.

자신을 내세우지 않았다

율곡 이이의 어렸을 때 이름은 이현룡이었다. 현룡見龍이란 이름은 신사임당이 태몽으로 꾼 꿈에 용을 보았다고 해서 지어진 이름이었다.

현룡은 열세 살의 나이에 과거 시험을 보았고, 당당히 장원으로 급제하여 집안은 온통 잔치 분위기였다.

"오! 장하구나. 우리 아들."

사임당의 남편 이원수는 너무 좋아서 어쩔 줄 몰라 하면서 아들을 칭찬하였다.

그러자 현룡이 대답했다.

"제가 급제한 것은 제가 잘해서가 아니라 아버님, 어머님의 훌륭한 가르침 덕분입니다."

이원수는 기쁨을 감추지 못하고 웃으면서 말하였다.

"그래, 현룡아! 대견하구나. 그리고 부인, 정말 애 많이 쓰셨소. 현룡이가 저렇게 급제할 수 있었던 것은 모두 당신 덕분이오."

사임당은 고개를 숙이면서 이렇게 말하였다.

"그런 말씀 마세요. 현룡이가 글공부를 좋아하고 스스로 책을 열심히 읽은 결과이지요. 제가 한 것이 뭐 있겠습니까?"

사임당은 이렇게 말하였지만 실제로는 사임당의 관심과 적극적인 지원이 있었기에 현룡이 과거에 급제할 수 있었다. 그러나 사임당은 자신의 노력을 인정해 달라고 말하거나 거만한 자세를 취하기는커녕 오히려 겸손하게 자기를 낮추었다.

겸손의
참다운 의미

그러면 사임당이 보여준 겸손의 참다운 의미는 무엇일까?

현명한 사람과 미련한 사람 사이에 차이가 있다면 그 차이는 아마 겸손의 유무일 것이다. 현명한 사람은 자신을 낮춤으로써 다른 사람들로부터 존경심을 얻는다. 반면에 미련한 사람은 잘난 척을 하며 거만하게 고개를 쳐들고 다니다가 다른 사람들에게 호감을 잃는다.

겸손은 주위에 존경심이라는 아름다운 것을 만들어낸다. 우리 조상들은 자신을 스스로 낮춤으로써 오히려 자신과 상대의 품위를 높여 왔다.

겸손한 사람의 자세

겸손한 사람은 다음과 같은 자세를 취한다.

첫째, 감사할 줄 안다.

겸손한 사람은 감사할 줄 안다. 감사하고 고마워할 줄 아는 것에서 겸손이 나온다. 감사함을 안다는 것이 곧 겸손이다.

둘째, 경청을 잘 한다.

당시에 여성들은 남성들에 비해서 폭넓은 인간관계를 형성하기가 어려웠다. 여성들이 사회활동을 활발하게 할 수 없었기 때문이다.

그러나 사임당은 꽤 넓은 인간관계를 형성하고 있었다. 사임당은 글씨도 잘 쓰고 그림 솜씨도 좋았기 때문에 주위 사람들이 사임당의 집에 와서 그녀의 글과 그림을 보면서 담화를 나누는 일이 자주 있었다. 주위 사람들이 모여서 담화를 나눌 때 사임당은 주로 경청을 하였다.

대화를 할 때 자기가 하고 싶은 말은 가급적 억제하고 상대방 말에 귀를 기울이며 그 사람 말에 공감을 표하면, 상대방은 이해받고 있고 존중받고 있다고 느끼게 된다. 이것은 사람들 사이의 관계를 풍요롭게 만드는 자세이다.

셋째, 미소와 함께 친절하게 행동한다.

사임당은 가족들은 물론 주위 사람들과 대화를 할 때 항상 미소를 잃지 않았다. 그리하여 주위 사람들에게 따뜻한 감정과 함께 친밀감을 느끼게 하였다.

넷째, 무관심하게 방관하거나 방해를 하지 않는다.

사임당은 남편 이원수가 학문에 뜻을 세우지 못하고 방황하던 때나 불의한 권력을 얻으려고 할 때와 같이 충고가 꼭 필요로 할 때 절대 무관심하게 방관하지 않았다. 가능한 한 도움이 되는 말을 해주었다. 하지만 꼭 필요하지 않은 충고는 하지 않았다. 때로는 같이 있는 것도 방해가 되므로 상대가 혼자 있고 싶어 할 때는 귀찮게 하지 않았고 상대방을 자유롭게 내버려 두었다. 다른 사람의 고독을 존중해주는 것도 일종의 겸손한 행동이기 때문이다.

겸손한 사람은 책임감을 가지고 다른 사람을 존중할 줄 아는 사람이다. 또한 겸손한 사람은 자신에 대해서 자신감이 있는 사람이다. 왜냐하면 자신감이 없다면 겸손할 여유도 없기 때문이다. 요즘처럼 이기적이고 자기중심적인 생각을 하는 시대에 필요한 것이 바로 겸손이다.

【 제 3 장 】

사임당이 전하는
4개의 메시지

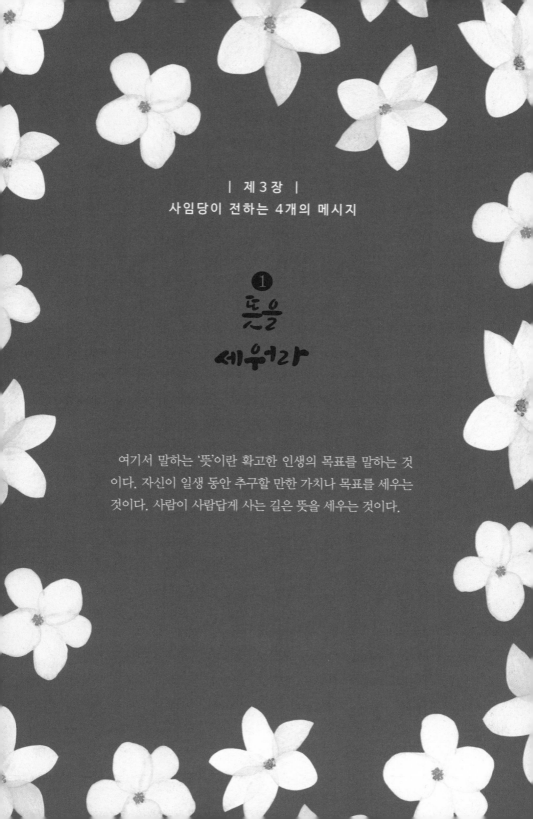

①
뜻을
세워라

여기서 말하는 '뜻'이란 확고한 인생의 목표를 말하는 것
이다. 자신이 일생 동안 추구할 만한 가치나 목표를 세우는
것이다. 사람이 사람답게 사는 길은 뜻을 세우는 것이다.

사람답게
사는 방법

일곱 남매의 어머니가 된 사임당은 어느 날 자녀들을 모아 놓고 말했다.

"사람은 모름지기 뜻을 세워야 한다. 그리고 뜻을 세웠으면 반드시 그 뜻을 이루겠다는 의지를 가져야 한다."

"네, 어머님."

"너희들은 무엇에 뜻을 둘 생각이냐?"

이렇게 묻자 셋째아들 율곡이 대답했다.

"저는 학문에 뜻을 세우겠습니다."

사임당은 흐뭇하게 웃으며 다시 율곡에게 물었다.

"왜 학문에 뜻을 둘 생각이냐?"

"군자가 되기 위해서입니다."

"그렇구나. 공자는 〈논어〉에서 이렇게 말했다. '군자는 오로
지 근본에 힘을 쓰니 근본이 확립되면 인(仁)의 도(道)는 저절로 생
겨난다.' 이 말은 근본에 충실하면 저절로 어진 사람이 된다는
뜻이다. 이 말을 명심하고 기억하여 그대로 실천하도록 노력
하여라."

"네, 어머님."

일곱 남매가 한 목소리로 대답했다.

2.
뜻은
곧 확고한 목표이다

여기서 사임당이 말한 '뜻을 세우라'는 것은 과연 무엇을 의미하는 것일까?

뜻이란 다른 말로 표현하면 목표를 말한다. 일생 동안에 이루어야 할 하나의 목표를 말한다. 자신의 인생에서 반드시 달성하고자 하는 목표를 말하는 것이다.

뜻을 세운다는 것은 단 한 번뿐인 인생에서 내 꿈을 설계하는 일이다. 나의 의지와 열정을 쏟아 부을 뭔가를 찾는 일이다.

사임당이 죽은 후에 남편 이원수는 주모 권 씨와 재혼하였고 형제들과 권 씨는 불화가 심했다. 권 씨는 술을 좋아하여 이른 아침부터 술을 마셨고 조그만 일이라도 자신의 뜻대로 되지 않으면 목을 매달아 죽겠다고 하니 주위 사람들이 이를 말리려고 고생을 했다. 나이가 비슷한 맏형 선과 권 씨는 사이가 아주 좋지 않았는데 율곡은 둘의 관계를 풀어보려고 노력하였으나 실패하였다. 결국 율곡은 가족 간의 불화를 더 이상 참지 못하고 집을 나와 금강산에 입산하게 되었다. 그리고 돌아와서 쓴 〈자경문自警文〉에 한때 자신이 마음을 잡지 못하고 방황하게 된 것은 무엇보다도 큰 뜻을 세우지 못하고 인생에서 지향할 확고한 목표가 없었기 때문이라고 밝혔다. 〈자경문〉은 '스스로를 경계하는 글'이란 뜻으로 율곡이 자신의 수양을 위해서 적은 11가지 행동 지침이었다.

이처럼 사람은 뜻이 없으면 삶의 방향을 잃고 방황하게 된다. 반대로 뜻을 세우면 의미 없는 삶에서 벗어나 의미 있는 삶을 살게 된다.

또한 사임당은 뜻을 이루겠다는 의지를 가져야 한다고 말했다. 일단 목표를 세웠으면 어떤 어려움과 고난이 닥쳐도 반드시 이루겠다는 의지를 가지고 최선을 다하라는 것이다.

율곡도 〈격몽요결〉에서 목표를 세웠으면 머뭇거리지 말고 나아가라고 이렇게 말했다.

"무릇 사람들이 뜻을 세웠다고 말하지만, 곧바로 공부하지 않고 미루적거리면서 뒷날을 기다리는 까닭은 말로는 뜻을 세웠다고 하나 실제로는 배움을 향한 정성이 부족하기 때문이다."

목표가 생기면 그 즉시 행동으로 옮기라는 말이다. 그 즉시 공부하거나 행동하지 않고 다음이나 내일로 미루는 것은 실제로는 뜻을 세우지 않은 것과 마찬가지이다. 따라서 뜻을 세웠다는 것의 진정한 의미는 행동으로 옮기는 것까지를 말하는 것이다.

자신이 이룰 수 없는
꿈을 실현하기 위해서

사임당은 남편 이원수와 자녀들에게 뜻을 세우는 것이 중요하다고 강조했다. 사임당이 이토록 뜻을 세우라고 한 이유가 무엇일까?

이것은 당시의 시대적 상황과 무관하지 않다. 관직에 오르지 못하면 자신의 뜻을 전혀 펼칠 수 없었고 경제적으로도 재물을 모으려면 역시 관직을 얻어야 했다. 관직에 오르기 위해서는 과거를 봐야 하고, 과거를 보기 위해서는 학문에 뜻을 세우고 공부를 해야만 했다.

또 한편으로 사임당은 자신이 이루지 못한 꿈을 남편과 자녀들이 대신 이루어주기를 바랐다.

사임당은 어린 나이부터 책을 읽으면서 자신의 인생에 대해서 많은 생각을 했다. 총명하고 재주가 많았던 사임당은 분명 큰 포부가 있었을 것이다. 그러나 여성은 아무리 학식이 높아도 과거를 볼 수 없었고 자신의 뜻을 펼칠 기회가 없었으니 큰 좌절감을 느꼈을 것이다. 그러다가 결혼을 하고 자신은 이룰 수 없는 꿈을 신랑이 대신해서 이루어 주길 기대했을 것이다.

그런데 이원수는 타고난 기질이 놀기를 좋아하고, 무엇하나 특별히 잘하는 일이 없었다. 무엇보다도 학문에 아예 뜻이 없었다.

그래서 사임당은 자녀들에게 대신 기대를 걸고 일곱 명의 자녀들을 가르치며 자녀들에게 뜻을 세우라고 가르쳤다. 사임당의 이러한 간절한 바람과 가르침으로 한 집안에서 세 명이나 과거에 합격하게 되었고 딸 매창은 그림에 특별한 재주를 보여 소사임당이라는 별명을 얻었다. 사임당이 말한 뜻을 세우라는 가르침을 따랐기 때문이었다.

가지와 방아개비

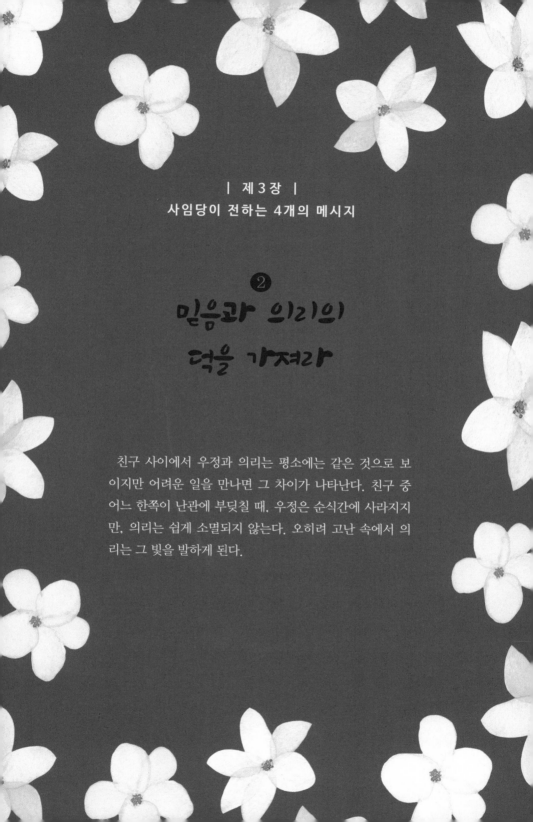

| 제 3 장 |
사임당이 전하는 4개의 메시지

②
믿음과 의리의
덕을 가져라

친구 사이에서 우정과 의리는 평소에는 같은 것으로 보이지만 어려운 일을 만나면 그 차이가 나타난다. 친구 중 어느 한쪽이 난관에 부딪칠 때. 우정은 순식간에 사라지지만, 의리는 쉽게 소멸되지 않는다. 오히려 고난 속에서 의리는 그 빛을 발하게 된다.

인간관계의 기본,
신의 信義

　당시에 여자들은 주로 집안에서만 지냈기 때문에 밖에 나가서 사람들을 만나거나 친구들을 사귈 기회가 좀처럼 없었다. 하지만 남자들은 어려서는 서당에서 친구들을 사귀고 성인이 되면 관직에 올라 자연히 많은 사람들을 만나야 했기 때문에 인간관계가 많이 형성되었다. 사임당은 그래서 주로 아들들에게 사람을 사귈 때 지켜야 할 덕목인 신의에 대해서 자주 말해주었다.

　"너희들은 어디를 가든지 상대방에게 믿음을 주는 사람이 되어야 하고, 친구를 사귈 때는 의리를 반드시 지켜야 한다."

부모로부터 물려받은 덕목,
신의

    사임당이 지키라고 한 믿음과 의리, 즉 신의信義는 사임당이 어렸을 때 아버지 신명화로부터 배운 것이었다. 아버지 신명화는 41세의 나이에 늦깎이로 과거에 급제했지만 사화로 어지러운 정치에 뜻을 접고 처가에 머물면서 아이들을 가르쳤다. 그는 성격이 곧고 정직했다. 하루는 신명화의 장인어른 이후李候가 친구와 약속을 했으나 일이 있어 가지 못하게 되자 신명화에게 이렇게 말했다.

    "약간의 몸살기가 있어 가지 못하게 되었다고 서신을 써서 친구에게 전해 주거라."

    "장인어른, 거짓된 것을 다른 사람에게 알릴 수는 없습니다."

    신명화는 이렇게 정색을 하면서 끝내 거절하였다고 한다.

이러한 아버지에게 배운 사임당 역시 자녀들에게 항상 믿음과 의리를 중요하게 가르쳤다.

신사임당이 살았던 시대는 조선 시대를 통틀어 정치적으로 가장 어지러운 시대였다. 연산군의 폭정이 심해 신하들이 연산군을 몰아내고 연산군의 이복동생인 중종이 왕이 되는 등 배신과 권모술수가 팽배하던 시대였다. 그래서 서로가 서로를 믿지 못하는 불신이 팽배한 시대였다. 이런 시대였기에 사임당은 더욱더 믿음과 의리를 자녀들에게 가르치고 강조하였다.

제일의 덕목은
믿음과 의리

　율곡은 사임당의 뜻에 따라 친구들에게 신의를 지켰으며 누구보다도 믿음을 주는 사람이 되었다.

　율곡이 평생 동안 절친하게 지낸 친구 중에 송익필이라는 사람이 있었다. 송익필은 증할아버지가 양반이었으나 그의 증할머니가 천한 노비였기 때문에 서얼 출신이었다. 조선 시대에는 서얼 출신에 대한 차별이 심해서 재산 상속과 관직의 등용에 큰 제한이 있었다. 그럼에도 불구하고 율곡은 그와 평생 친하게 지냈고, 오히려 율곡 덕분에 송익필의 학문이 세상에 널리 알려지게 되었다. 이들 사이에 오간 편지를 모은 책 〈삼현수간〉에는 송익필이 율곡에 의해서 세상에 알려지게 된 경위에 대해서 이렇게 서술하였다.

"송익필이 25세 되던 해였다. 이때 율곡은 과거에 장원으로 급제하였는데 과거 시험의 문제는 천도天道, 즉 하늘의 법칙에 대한 생각을 쓰는 것이었다. 율곡이 쓴 일등 답안이 바로 〈천도책〉이었고 많은 사람들에게 큰 주목을 받았다. 많은 젊은 선비들이 율곡에게 가르침을 받고자 찾아왔고 율곡은 그들에게 말하였다.

'구봉 송익필을 찾아가시오. 그는 인품이 고매하고 학문이 넓으면서도 깊어 나보다 훨씬 나으니 그에게 물어보시오.'

그 후 구봉의 집은 사람들로 북적거렸고, 그를 찾아온 선비들이 그에게 많은 질문을 하였다. 그는 이 질문들에 하나도 막힘없이 전부 대답하였다. 이들 중에는 11세의 아들을 데리고 찾아온 김계휘라는 인물이 있었다. 같이 온 아들이 송익필의 제자가 되어 훗날 대학자가 된 사계 김장생이었다. 이렇게 구봉의 이름은 온 나라에 퍼져 나갔다."

율곡의 추천으로 조선 예학의 최고 권위자로 알려진 김장생이 송익필의 제자가 되었고 그의 학문은 송시열에게까지 전해졌다.

또한 이런 일도 있었다.

송익필의 아버지 송사련은 안처겸과 같은 할아버지 밑에서 태어났으나 안처겸은 양반이었고, 송사련은 서얼이었다. 훗날 송사련은 안처겸이 역모를 꾀하고 있다고 거짓으로 고발하여 조정으로부터 높은 벼슬을 얻고 노비의 신분에서 벗어나게 되었다. 이 사건이 신사무옥이었다. 그러나 안처겸의 후손들이 소송을 해서 거짓이 밝혀지고 이들은 다시 노비의 신세가 된다. 하루아침에 노비 신세가 된 송익필은 이를 피해서 성과 이름을 바꾸어 도피생활을 다니게 되었다.

이때 율곡은 도피 생활로 어려운 친구 송익필을 찾아 당진까지 직접 가서 위로를 하고 우정을 나누었다. 친구로서의 신의를 지킨 것이다.

돈과 이해관계에 따라 가깝게 지내다가도 어려운 일이 생기면 자신에게 불똥이 튈까 봐 모른 척하는 일이 수없이 일어나는 오늘날에 우리에게 주는 교훈이 크다.

좋은 친구가 되는 비결

좋은 친구를 사귀기 위해서는 우선 자신부터 신의가 있는 좋은 친구가 되어야 한다. 다음에 제시하는 방법들을 차근차근 실행해 나가면 좋은 친구가 될 수 있다.

첫째, 마음을 연다.

연구 결과를 보면, 친구들과 깊이 있게 친해지려면 자신을 좀 더 내보여야 한다. 친구가 아무리 많아도 좋아하는 관심사에 대한 이야기만 하면서 개인적인 이야기를 하지 않으면 깊이 친해질 수가 없다. 친구들과 개인적인 감정을 나누면 우정이라는 보답을 받게 된다.

앞의 일화의 송익필처럼 인생에서 힘든 시기를 겪을 때 자신의 개인적인 감정을 나눌 수 있는 친구가 가장 친한 친구이다. 만약 친구가 마음의 피난처를 찾고 있다면 당황하지 말고 친구와 상담을 해보자. 사람들은 고통스러운 경험을 털어놓을 때 가장 편안해진다고 한다. 이러한 때에 대화를 나누면 깊은 우정을 쌓는 기회가 된다.

둘째, 친구들과 함께 새로운 도전을 한다.

친구 사이를 더욱 돈독하게 하고 싶다면 공동의 목표를 가져보는 것이 좋다. 아직까지 친구들과 해보지 않은 일에 도전하는 것이다.

아니면 친구에 대해서 모르고 있던 것을 더 많이 알려고 노력하는 것도 좋다. 친구의 독특한 면을 새로 발견하고 동시에 자신의 새로운 점도 친구에게 알리려고 노력한다.

셋째, 친구를 신뢰한다.

자신이 남을 신뢰할수록 남들도 자신을 신뢰한다고 한다. 의심은 주변 사람들을 떠나게 만든다.

넷째, 귀담아듣는다.

우리는 대화를 할 때, 상대방의 말을 귀담아듣지 않고 어떻게 하면 자신이 재치 있는 말을 할 수 있을까에 대해서만 신경을 쓴다. 만약 친구가 자신의 개인적인 이야기를 시작했다면 그 이야기는 꼭 집중해서 들어준다. 적절한 반응을 하면서 들어야 효과가 있다. 이때 친구는 당신이 자신의 상황을 잘 이해해주기를 바라고 있는 것이다.

다섯째, 극단적인 반응은 하지 않는다.
의도적이건 의도하지 않았건 친구가 당신의 신경을 건드릴 수 있다. 또는 친구에게도 혼자만의 시간이 필요할 때가 있다. 이럴 경우, "이제 됐어. 우리 사이는 이것으로 끝이야."와 같은 말을 화가 나서 큰 소리로 말하면 안 된다. 이럴 때일수록 감정을 접어두고 삐걱거리는 우정 뒤에 무엇이 숨어 있는지 생각해 봐야 한다.

마지막으로 충고를 할 때는 먼저 물어본다.
친구에게 충고를 하기 전에 그가 듣고 싶어 하는지 먼저 물어본다. 그래서 듣고 싶어 할 때에만 알고 있는 지혜를 함께 나눈다. 친구가 당신의 말에 관심이 없더라도 실망할 필요는 없다. 반대로 자신도 친구들에게 충고를 부탁해 볼 수 있다. 하지만 친구의 충고를 반드시 따라야 할 필요는 없다.

5.
신뢰의
조건

사임당이 말한 '다른 사람들에게 믿음을 주는 사람'이 되려면 다음의 조건이 필요하다.

첫째, 자기 자신에게 정직해야 한다.
셰익스피어는 신뢰에 대해서 이렇게 말했다.
"무엇보다도 이것을 명심해야 한다. 자기 자신에게 진실한 사람은 밤이 지나면 아침이 오듯이 다른 사람에게도 거짓을 행하지 못한다."
자신에게 정직하지 못한 사람은 남에게도 정직할 수 없다. 자신을 속이는 것은 인간관계에 있어서도 가장 큰 적이며, 자신의 발전까지 저해하는 중요한 결점이다.

둘째, 신뢰라는 것은 쪼갤 수 없는 하나의 결정체다.

오늘날 많은 사람들은 자신의 인생을 여러 개로 나누어서, 여러 개의 구획을 만들려고 한다. 인생의 한 부분을 자기 편의와 이익에 맞도록 손상시켜 놓고는, 그것이 자기 인생의 다른 부분에는 영향을 주지 않을 것이라고 생각한다. 하지만 사람의 성품은 그런 식으로 작용하지 않는다. 신뢰도 마찬가지다.

한쪽에 거짓을 행한 사람은 다른 쪽에도 자기 이익을 위해서 언제든지 거짓말을 할 준비가 되어 있다는 것을 명심해야 한다.

셋째, 신뢰는 은행의 예금과 같다.

신뢰는 은행에 넣는 예금과도 같은 것이다. 이것을 불리려면 계속 예금을 해야 한다. 일이 잘 안 되어 출금할 때도 있을 것이다. 이런 과정을 거치면서 은행에 예치된 예금은 계속 불어난다.

넷째, '진실'은 아무리 강조해도 지나치지 않는다.

단순한 진리이지만 말과 행동에 거짓됨이 없다면 신뢰를 얻을 수 있다.

신뢰는 한 번 잃게 되면, 회복하는 데 오랜 시간이 걸린다는

사실을 명심해야 한다. 그리고 신뢰는 말이 아닌 행동으로 회
복된다는 것도 명심해야 한다.

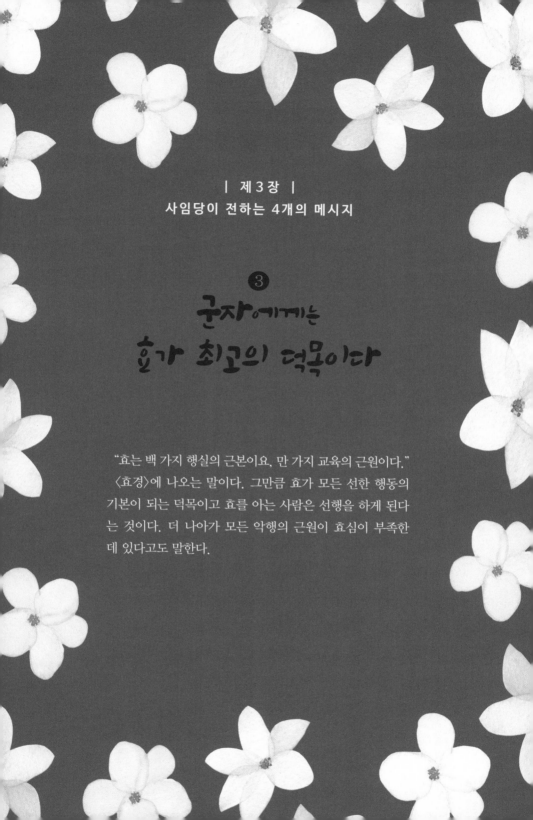

③
군자에게는
효가 최고의 덕목이다

"효는 백 가지 행실의 근본이요, 만 가지 교육의 근원이다."
〈효경〉에 나오는 말이다. 그만큼 효가 모든 선한 행동의
기본이 되는 덕목이고 효를 아는 사람은 선행을 하게 된다
는 것이다. 더 나아가 모든 악행의 근원이 효심이 부족한
데 있다고도 말한다.

효를 배워
효를 실천하고 효를 가르치다

사임당은 아버지 신명화와 어머니 용인 이 씨가 부모님께 극진히 효도하는 것을 보고 자랐다. 어머니의 효행이 남달랐는데 왕이 열녀문까지 세워 줄 정도였다. 딸만 다섯이었기 때문에 사임당은 강릉에 홀로 계신 어머니를 아들처럼 곁에서 모시면서 효를 실천했고 자녀들에게도 효를 가르쳤다.

그녀는 조용한 밤이면 자녀들에게 〈시경〉에 나오는 시를 읊어 주었다. 이 시는 어버이의 은혜를 표현한 것으로 유명하다.

아버님 외에 누구를 의지하고
어머님 외에 또 누구를 믿을까?
밖에 나가면 잘 계시는지 걱정되고
집에 들어와도 앉아 있을 수가 없구나.
아버님은 나를 낳으시고
어머님이 나를 기르셨다.
나를 어루만져 주시고 나를 먹여주시고
나를 키우시고 나를 가르쳐 주셨다.
나를 돌보시고 또 돌보시며
들어오며 나가며 나를 안아주셨다.
그분들의 은혜를 갚으려 해도
하늘은 한없이 넓구나.

부모님으로부터 물려받은
효의 정신

사임당이 부모에 대한 효도가 남달랐던 것은 부모님의 영향이 컸다.

어려서부터 부모님이 효를 실천하는 모습을 보면서 자랐고 그 영향으로 자연스럽게 효가 몸에 배었다. 그래서 자연적으로 부모와 시어머니에게도 효를 실천할 수 있게 되었다.

사임당의 어머니 용인 이 씨는 사임당의 외할아버지 이사온과 참판을 지낸 최응현의 둘째딸 강릉 최 씨가 결혼하여 얻은 외동딸이었다. 사임당의 가족은 강릉 최 씨의 할아버지 최치운이 지은 집인 오죽헌을 물려받아서 그곳에서 생활하였다.

사임당의 어머니는 어릴 때 부모님과 함께 강릉의 오죽헌에서 살았지만, 신명화에게 시집을 간 뒤에는 시부모가 계시는 한양에 가서 시부모님을 모시며 살았다. 그러나 친정어머니 최 씨가 병으로 자리에 눕게 되자 외동딸인 사임당의 어머니는 강릉에 돌아와서 자신의 어머니를 지극하게 간호하였고 이를 본 동네 사람들의 칭찬이 자자했다. 이것은 사임당이 혼자 계시는 자신의 어머니를 돌보기 위해 강릉에 돌아와서 살았던 모습과 많이 닮은 모습이었다. 사임당은 이렇게 어머니를 보고 배우면서 효를 물려받은 것이었다.

또한 사임당은 외할아버지 이사온과 아버지 신명화에게 효에 대한 가르침을 받았고 책을 통해서도 효를 배웠다. 그래서 군자가 지켜야 할 제일 중요한 덕목이 효임을 알게 되었다. 공자는 〈효경〉에서 "천지만물 중에서 사람이 귀하듯이 사람의 모든 행실 중에서 효가 중하다."고 하면서 효를 중시하였다. 조선 시대의 중심 사상인 유교에서 효는 가장 핵심이 되는 덕목이었다.

실천해 보인 사임당

　사임당은 자녀들에게 효를 말로만 가르치지 않고 몸소 실천해 보였다. 어릴 때에는 부모님과 같이 살면서 아버지와 어머니를 정성을 다해 보필하였다. 결혼을 한 뒤에는 한양의 시댁에서 살다가 따로 나와 이곳저곳을 돌아다니며 살았고 그 뒤에 홀로 계신 친정어머니를 모시며 오랫동안 강릉 북평촌에서 살았다. 그러다가 다시 한양의 시댁으로 가기로 결정하고 친정어머니와 헤어져 살게 되었다. 이때 사임당이 대관령 고개에서 어머니를 그리워하며 지은 시는 사임당의 효심을 엿볼 수 있으며 오늘날까지 전해져 많은 사람들에게 감동을 전해주고 있다.

늙으신 어머니를 고향에 두고
한양을 향해서 외로이 떠나는 이 마음
머리를 돌려 북촌을 향해 돌아보니
흰 구름이 날아 내려 해 저무는 산이 푸르러지네.

당시 사임당은 38세의 나이였고, 한양으로 걸어가다가 대관령 고개를 넘어 가면서 홀로 지내실 어머니가 걱정되고 한편으로는 그리워하는 마음이 사무쳐 이러한 시를 지었다고 한다. 이후 사임당은 친정어머니에게 자주 서한을 올려 문안을 물었다.

사임당은 한양 시댁에 들어가서도 홀로 사시는 시어머니 홍씨를 모시는 일에 조금도 소홀함이 없었고 몸가짐을 조심하였다. 모든 일을 하기 전에 반드시 시어머니에게 알렸다고 전해진다.

대물림한
효의 정신

 이러한 사임당의 효를 이어받은 자녀들도 역시 효를 실천하였다.

 그 중에서도 특히 율곡은 부모에 대한 효심이 지극했고 다음과 같은 일화가 전해온다.

 율곡이 다섯 살 때의 일이었다. 사임당은 병으로 몸이 약해져서 병석에 누워 있었다. 그런데 갑자기 율곡이 어디론가 흔적도 없이 사라지고 없었다. 온 가족이 걱정을 하며 이곳저곳을 찾아다녔다. 마침내 가족들이 그를 찾아낸 곳은 외할아버지 위패를 모시는 작은 사당 안이었다. 다섯 살밖에 안된 어린 율곡이 어머니의 병을 빨리 낫게 해달라고 기도하고 있었던 것이다. 사람들은 어린 율곡의 효심에 모두 놀랐다.

또 이런 일화도 있다. 사임당은 율곡이 16세가 되던 해에 세상을 떠났고, 율곡은 잠시 세상을 등지고 금강산에 들어갔다가 1년 만에 외가가 있는 강릉으로 돌아왔다. 그리고 돌아가신 어머니 대신에 90세가 넘도록 사신 외할머니에게 효를 다하며 지내고 있었다.

그러다가 율곡은 33세에 이조좌랑에 임명되었다. 이조좌랑은 조정의 인사권을 가진 직책으로 출셋길이 열려 있는 좋은 벼슬이었다. 하지만 외할머니 이 씨가 병으로 누우셨다는 소식을 듣고는 바로 사표를 던지고 강릉으로 향했다. 이 일로 인해서 사간원으로부터 파직을 권고당했으나 자세한 사정을 들은 선조가 허락하지 않아 파직은 면할 수 있었다. 율곡은 이때 이렇게 말했다고 한다.

"효는 모든 행실 중에서 가장 중요하고 반대로 불효는 가장 큰 죄이다. 외조모가 병중이신데 어찌 외면할 수 있단 말인가?"

사임당을 통해서 우리가 알 수 있는 사실은 효는 대물림을 한다는 것이다. 부모가 자신의 부모에게 효를 행할 때 그 자녀들 역시 부모에게 효를 행하게 되는 것이다.

현대적인
효의 방법

　만일 사임당에게 요즘 같은 시대에 효도하는 방법을 물어보았다면 어떻게 답했을까? 아마도 다음과 같은 방법을 추천했을 것이다.

　첫째, 부모님의 건강을 자주 체크하라.

　장수 시대라고는 하지만, 어느 일간지에서 조사한 바에 따르면 적어도 5년 동안은 병을 앓다가 돌아가신다고 한다. 따라서 부모님이 건강하게 보일지라도 건강을 자주 체크해야 한다.

　부모님은 자식에게 조금이라도 짐이 될까 봐 몸이 좀 아프더라도 내색을 하지 않으신다. 우리가 자랄 때 조금만 이상이 있어도 걱정하시던 부모님이다. 같이 병원에 가서 진찰을 받거나 어디 아프신 곳이 없는지 잘 챙겨보자.

둘째, 지금 바로 부모님께 전화를 하거나 문자를 보내라.

사임당처럼 편지는 자주 못 쓰더라도 전화나 문자로 자주 안부를 전하자. 우리들은 가까운 사이일수록 "사랑한다.", "감사하다.", "죄송하다."는 말에 인색하다. 마음은 있으면서도 쑥스러워서 말을 하지 못하는 경우가 많다. 부모님으로부터 받은 사랑에 감사함을 느끼고 있다면 그 마음을 담아서 지금 바로 문자로 "감사하다."는 말을 전하자. 또는 잘못한 것이 생각났으면 지금 바로 "죄송하다."고 문자 메시지를 보내 보자. 그러면 부모님은 기뻐하실 것이다.

용돈이 들어 있는 두툼한 봉투, 바쁘다는 핑계로 어쩌다 가끔 드리는 전화, 명절 때 보내드리는 선물, 이런 것이 부모에 대한 효도의 전부가 아니다. 지금이라도 '부모'라는 이유만으로 평생 고생만 하신 부모님께 사랑한다는 말을 전해 보자. 더 늦기 전에.

셋째, 부모님과 상의하고 부모님에게 조언을 구하라.

우리는 살아가면서 크고 작은 문제를 만나게 된다. 문제가 없는 삶은 없다. 문제를 만났을 때 대부분의 사람들은 자신의 힘으로만 문제를 해결하려고 한다. 자신의 능력으로 모든 문제를 해결할 수 있다고 자만한다.

　부모님은 우리를 훌륭히 키워낸 만큼의 지혜를 가지고 계신다. 너무 자신만을 과신하지 말고 때로는 부모님과 상의를 해보자. 어쩌면 올바른 해답이 거기에 있을지도 모른다. 부모님은 항상 우리가 잘되기를 바라고 계신다. 부모님과 상의하고 부모님에게 조언을 구하면 부모님은 기뻐하실 것이다. 부모님을 기쁘게 하는 것, 이것이 효도의 방법이다.

　우리 격언에 "효도를 하면 부모가 즐거워하고 집안이 화목해지면서 만사가 잘된다."는 말이 있다. 부모님은 우리가 항상 기쁠 수 있도록 힘써 주셨다. 그러니까 이제 우리가 부모님을 기쁘게 해드리는 것이 마땅하다.

오이와 개구리

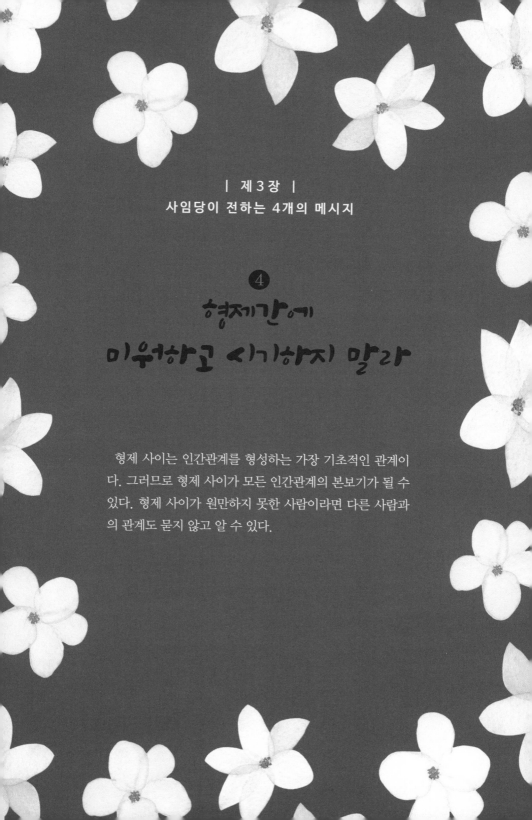

④
형제간에
미워하고 시기하지 말라

　형제 사이는 인간관계를 형성하는 가장 기초적인 관계이
다. 그러므로 형제 사이가 모든 인간관계의 본보기가 될 수
있다. 형제 사이가 원만하지 못한 사람이라면 다른 사람과
의 관계도 묻지 않고 알 수 있다.

가족끼리 화목하면
그것이 행복이다

　사임당은 일곱 남매가 모두 잘 컸지만 이제 자신의 생이 얼마 남지 않았음을 알고서 자신이 죽은 뒤에 형제간에 다툼이 있지 않을까 걱정이 되었다. 그리하여 일곱 남매를 불러서 말하였다.

　"비록 살림이 넉넉지 못하여 집안이 부유하지 않지만, 너희들이 덕을 쌓는다면 마음은 부유해질 수 있단다. 비록 헤진 옷을 입고 다닐지라도 나쁜 짓을 안 하고 가족끼리 화목하게 살면 그것이 행복이 아니냐. 덕을 쌓는 것이 별것 아니다. 무엇이든지 열심히 하고, 좋은 생각과 좋은 말을 하고, 서로를 위해 주고 칭찬해 주면 되는 것이다. 형제끼리 시기하고 미워하면 서로 괴로울 뿐이다. 질투가 나거나 시기할 일이 있거든 칭찬을 해라. 그러면 서로가 기쁘다. 사람마다 잘하는 일이 다 다르다. 나에게 있어 가장 큰 효는 너희들이 사이좋게 지내는 것이란다."

그리고 사임당은 〈시경〉에 나오는 형제간의 화목을 노래한 시를 들려주었다.

뒷동산에 앵두꽃이 활짝 피었네.
세상에는 사람들이 넘치지만 형제만한 사람이 없네.
죽을 위기가 닥쳐도 형제는 서로를 간절히 생각하고
아무리 어려운 일을 당해도 서로를 구해주네.
할미새처럼 바삐 날아 형제를 어려움에서 급히 구하네.
비록 좋은 벗이 있다고 해도 이럴 때 탄식만 하네.
형제는 집안에서 싸우다가도 밖에선 하나가 되네.
비록 좋은 벗이 있다고 해도 이럴 땐 도움이 안 되네.
어려움이 없고 편안하고 조용할 때에는
형제가 벗보다 못해 보이지만
맛있는 음식들을 차려놓고 같이 술을 마셔 보세.
형제가 모두 모여 즐겁구나.
아내와 자식들과 화목하여 거문고와 비파처럼 어울려도
형제간에 우애가 있어야 더욱 즐겁다네.

형제간에
우애를 지키는 비결

사임당이 효 다음으로 강조한 것은 형제간의 우애였다. 사임당은 왜 이렇게 형제간의 우애를 강조하였을까?

그것은 가족이 화목하려면 우선 필요한 것이 효이고, 그 다음으로 필요한 것이 형제간의 우애이기 때문이다. 아무리 풍요롭게 살더라도 형제 사이가 불편하다면 그 가정은 화목할 수가 없다. 가정이 평화롭고 화목해지려면 효와 함께 형제간의 우애가 꼭 필요하다.

사임당은 형제간의 우애를 지키려면 무엇보다도 서로를 시기하고 질투하지 말라고 하였다. 형제 사이를 갈라놓는 가장 중요한 이유가 바로 시기와 질투이기 때문이다. 대신에 다른 형제가 어떤 일을 잘하면 칭찬을 하라고 하였다. 이렇게 하는 것이 형제간의 우애를 지키는 가장 좋은 방법이라고 생각한 것이다.

사임당은 또한 형제가 모두 모여 한 집안에서 사는 것이 한 가지 좋은 방법이라고 말하였다. 그러면서 중국 당나라 시대의 사람인 장공예張公藝의 '구세동거九世同居'에 대한 이야기를 해 주었다. 구세동거의 이야기는 무려 9대(代)의 가족들이 같은 집에서 화목하게 살았다는 내용이었다. 율곡은 이 이야기를 듣고 "9대가 같이 모여 한 집에서 사는 것은 어려운 일지만 떨어져 살 수도 없는 일이다."라고 하면서 형제들이 부모님을 같이 모시고 사는 모습을 그려서 벽에 붙이고 매일 쳐다보았다고 한다.

율곡은 어머니가 들려준 이 이야기를 마음속에 담았다가 행동으로 옮겼다.

그래서 41세에 벼슬을 사양하고 황해도 해주로 집을 옮겼다. 그리고 7년 전에 죽은 맏형 선의 가족들을 데리고 와서 형수 곽 씨에게 살림을 맡기고는 한 집에서 살았다. 이렇게 사는 동안 점점 생활이 어려운 친척들이 하나둘씩 모여들어 100명이라는 대가족이 한 집에서 살게 되었다. 율곡은 '동거계사同居誡辭'를 만들어서 많은 가족들을 무리 없이 이끌어 나갔다.

동거계사란 '함께 살면서 경계해야 될 것'이라는 뜻으로 대가족이 같이 살면서 집안의 화목을 지키기 위해서 만든 일곱 가지 생활 규칙이었다.

율곡은 부모로부터 유산을 물려받았고, 외할머니의 재산도 물려받았지만 100명에 이르는 대가족을 꾸려야 했기 때문에 항상 경제적으로 어려울 수밖에 없었다. 그러나 아무리 어려워도 어머니 사임당이 하신 말씀, '가장 큰 효는 형제간의 우애를 지키는 것'을 지키기 위해서 죽는 날까지 대가족과 함께 지냈다.

율곡이 죽은 뒤에는 동생 이우가 대가족을 대신해서 이끌었다고 한다.

3.
재산을
골고루 나눠주다

사임당은 얼마 되지 않았지만 재산을 일곱 남매에게 골고루 나누어 주었다. 재산으로 인해 형제간에 일어날 갈등을 미리 차단한 것이다. 오늘날 재산 상속을 놓고 벌어지는 형제간의 추악한 모습들을 보면 사임당의 이런 행동은 현명한 것이었다.

사임당이 형제간의 우애를 중시하고 이를 가르친 결과 형제들은 모두 우애가 깊었다. 특히 율곡은 형제들을 대하는 생각이 남달랐다.

율곡은 맏형이 죽은 뒤에 맏형의 부인 곽 씨를 일가의 으뜸으로 받들어 조상의 위패를 모시게 하였다. 둘째 형 번에게도 예의를 다하였다. 번은 벼슬도 얻지 못했고 세상 물정도 모르는 사람이었다. 그래서 동생 율곡에게 의지하여 살면서 율곡이 높은 벼슬을 할 때에도 율곡에게 잔심부름을 시키곤 했다. 그러나 율곡은 형의 심부름을 하였다. 형 때문에 반대파의 공격을 받기도 하였으나 형제간의 우애는 결코 상하지 않았다.

양귀비와 도마뱀

자녀를 성공시킨
사임당의
교육 비법

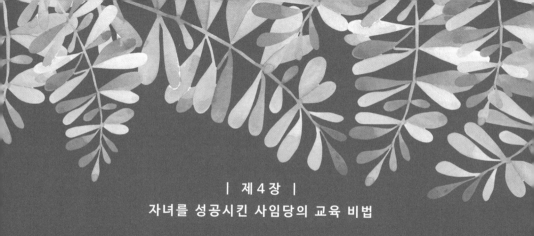

①

태교로
자녀 교육을 시작했다

태교란 아이가 뱃속에 있을 때부터 부모가 올바른 행동을
하여야 뱃속의 아이가 바르게 성장한다는 것이다. 태교가
태어날 아이의 성품에도 영향을 줄 수 있다. 태교는 자녀
교육의 시작점이다.

임신했을 때
부모의 마음가짐

사임당이 첫째 아들 선을 임신했을 때의 일이다. 어느 날 사임당이 태몽을 꾸게 되었고 꿈에서 깨어난 사임당이 신랑 이원수에게 말했다.

"서방님, 오늘부터는 아이의 태교에 함께 해주세요. 아직 아이가 어머니의 뱃속에 있기는 하지만, 서방님도 저와 같은 이 아이의 부모입니다. 뱃속에 있는 아이를 위해서 지금부터 말이나 행동을 조심해 주세요. 양심에 거리끼는 일은 하지 마시고, 혹시 누구에게 잘못을 저지르게 된다면 바로 사과하도록 하세요."

이때부터 사임당은 본격적으로 태교에 힘썼다.

식사를 하기 위해 밥상에 앉을 때에도 모서리 쪽에 앉지 않

고 가운데 앉아서 식사를 했다. 아울러 좋은 것만 보려고 노력
했고, 나쁜 말은 입에 담지 않았다. 그리고 자신이 좋아하던
그림을 그리거나 시를 쓰기도 했다.

또한 뱃속의 아이를 군자로 만들기 위해서, 옛 성현의 글들
을 매일 한 줄씩, 뱃속에 아이가 들을 수 있게 큰 소리로 읽어
주었다. 남편과 함께 있을 때는 가급적 같이 읽어 주었다.

태교의
의미

임신했을 때, 어머니의 마음가짐과 행동, 주위 환경이 아이에게 영향을 미친다는 생각은 동서양 모두에 존재했다. 하지만 구체적인 방법이 있는 체계적인 태교는 동양을 중심으로 발달되어 왔다.

태교에 대한 가장 오래된 기록은 중국의 주자가 쓴 〈소학〉으로 '열녀전'에서 태교에 대해 이렇게 말하고 있다.

"옛날부터 부인이 잉태를 하면, 잠을 잘 때에도 한쪽으로 기울여 자지 않으며, 앉을 때도 가장자리에 앉지 않으며, 서 있을 때에도 한 발로 서 있지 않는다.

맛이 이상한 것은 먹지 않고, 바르게 잘리지 않은 음식은 먹지 않는다. 좋지 않은 자리에는 앉지 않으며, 나쁜 것은 보지 않고, 음란한 소리를 듣지 않는다. 밤이 되면 눈을 감고 시를 외우며, 옳은 일을 말한다. 이렇게 하여 아이를 낳으면 용모가 단정하고 재주가 뛰어나다."

이뿐만 아니라 아기를 가졌을 때의 마음가짐에 대해서도 말했다.

"착한 마음을 가지면 반드시 착한 아이를 낳게 될 것이며, 악한 마음을 가지면 반드시 악한 아이를 낳게 된다."

태임을 본받아
태교에 열중하다

　우리나라에서도 옛날부터 자녀 교육의 첫 출발점은 역시 태교였다. 사임당 역시 태교의 중요성을 깨닫고 그것을 철저하게 지켰다. 사임당이 태교를 할 때 지침으로 삼은 것은 그녀의 롤모델 태임이 했던 태교 방법이었다.

　태임은 임신한 뒤에, 눈으로 나쁜 것을 보지 않고, 귀로 음란한 소리를 듣지 않으며, 입으로는 말을 조심하였다고 한다. 이렇게 해서 문왕과 같은 성군을 낳았다.

　그래서 사임당도 장차 태어날 아기를 위해 평화로운 것, 명랑한 것, 고결하고 기품이 있는 것을 보려고 노력했다. 새벽에 일어나 바닷가를 거닐면서 멀리 동해 바다에서 떠오르는 태양을 보기도 하고, 잔잔한 바닷물 위로 보이는 수평선을 바라보기도 하면서 좋은 것을 보려고 했다.

깨진 그릇에는 음식을 담아 먹지 않았고, 앉을 때는 항상 바른 자세를 취하였다.

또한 마음을 항상 깨끗하게 했다. 잡다한 생각이나 옳지 못한 것들은 아예 생각조차 하지 않았으며, 장차 태어날 아이가 이 나라를 위해 크게 쓰일 사람이었으면 좋겠다고 생각했다.

대학자가 탄생하다

    태임이 태교에 힘써 문왕과 같은 어진 왕이 탄생한 것처럼 사임당은 심신을 맑게 하고 태교에 힘써 율곡과 같은 대학자를 탄생시켰다. 모든 일에는 원인이 있듯이 사임당이 율곡과 같은 영재를 낳은 것은 우연의 산물이 아니라 태교에 힘쓴 노력도 그 하나의 원인이라고 할 수 있겠다.

    전통적인 태교 방법을 오늘날 그대로 적용하기는 어렵겠지만 임신했을 때 어머니의 신체적인 건강과 정신적인 건강, 정서적인 안정, 주변 환경 등이 태아에 영향을 미친다는 것은 오늘날 의학계에서도 인정하고 있는 사실이다. 그래서 요즘에도 태교에 대한 인식이 점점 높아지고 있다.

맨드라미와 쇠똥벌레

| 제 4 장 |
자녀를 성공시킨 사임당의 교육 비법

②
인성이 더해져야
참다운 인재가 된다

좋은 성품을 가르치는 것이 인성 교육이다. 여기서 좋은 성품이란 사람이 사람답게 살 수 있다는 것을 말한다. 즉 바르게 생각하고 바르게 행동할 수 있는 습관을 가르치는 것이다.

인성을
강조하다

사임당은 글을 읽다가 아이들에게 유익한 글이라고 생각되면, 그 글을 종이에 크게 적어서 아이들이 자주 볼 수 있는 곳에 붙여 두었다. 아이들이 지나다니면서 보고 읽을 수 있게 하였다. 시간이 흘러 아이들이 그 글을 다 이해하였으면 또 다른 글을 적어서 붙였다. 주로 아이들 인성 교육을 위한 글을 적었는데 다음과 같은 내용도 포함되어 있었다.

'차고지군자且古之君子 과즉개지過則改之, 금지군자今之君子 과즉순지過則順之'

이 글을 붙여 놓고 며칠이 지나자 사임당은 아이들을 불러서 물었다.

"이 글의 뜻이 무엇이냐?"

그러자 둘째아들 번은 주저주저하다가 입을 열었다.

"옛날의 군자는 자신의 과오를 그 즉시 고쳤지만, 오늘날의 군자는 과오를 그냥 넘어가려고만 한다는 뜻입니다."

"그래, 사람은 누구나 잘못을 저지를 수 있다. 그 잘못을 인정하고 고칠 수 있어야 군자가 된다."

사람이 사람답게 사는 것을 가르치는
인성교육

사임당이 생각하는 인성교육은 어떤 교육이었을까?

그것은 사람이 사람답게 살아가는 것을 가르치는 교육이었다. 다시 말해서, 사람으로서 지켜야 할 도리인 나라에 충성하고, 부모님께 효도하며, 형제간에 우애를 지키고, 이웃에게는 예의범절을 지키며 살아가는 것을 가르치는 교육이었다.

사임당의 이러한 교육은 조선 시대의 교육과 일맥상통한다. 조선 시대 교육의 목표도 사람이 지켜야 할 도리를 가르쳐 이를 세상에 펼침으로써 사회에 공헌하는 인물을 키우는 데에 있었기 때문이다.

이러한 교육 목표가 생긴 것은 조선 시대의 통치 이념이 유교였기 때문이고, 공자의 교육관에 많은 영향을 받은 것이었다.

공자의 교육관 역시 사람으로서의 도리를 가르치는 인성교육이 교육의 우선 사항이었다.

공자가 인성교육의 목표로 삼았던 인간상은 '군자'였다. 성인聖人이 지상 최고의 인격자라면 군자는 누구나 노력하여 도달할 수 있는 도덕적으로 완성된 인간을 말한다. 인의예지를 갖춘 사람, 즉 어질고 의롭고 예를 알며 지혜를 갖춘 사람이 군자이다.

결국 사임당의 인성교육도 이러한 공자의 가르침과 그 기본이 같았다. 공자의 사상에 바탕을 둔 사람이 사람답게 사는 교육이었다. 비록 관직을 얻어 출세를 하지 못하고 넉넉하게 살지 못하더라도 사람답게 살라고 가르쳤다.

그러나 당시의 교육과 사임당의 교육은 큰 차이점이 있었다. 남녀를 차별하지 않았다는 것이다. 당시에 남자들에게는 과거 시험에 응시하는 것에 초점을 맞추어 가르치고, 여자들에게는 가정에서 지켜야 할 도리만을 가르치는 것이 보통이었다. 그러나 사임당은 남녀를 구분하지 않고 일곱 남매를 똑같이 가르쳤다. 딸에게도 글을 가르친 부모님의 영향도 있었을 것이고 자신이 직접 겪으면서 깨달은 바가 있었을 것이다.

사임당은 남녀를 차별하지 않고 각자가 지닌 재능을 키워주고 올바른 성품을 지니도록 가르쳤다. 이러한 교육을 통해서 사임당의 딸 매창은 시, 서, 화에 모두 능했고, 명필가 황기로 ^{黃耆老}에게 부녀자 중의 군자라는 평을 들었으며, 특히 그림을 잘 그렸다.

사임당의 이러한 교육 사상은 훗날 셋째아들 율곡이 〈격몽 요결〉로 집대성하여 후대 교육에 많은 영향을 끼쳤다.

가정교육의 중요성

    사임당은 자녀들이 자신만의 뜻을 세우고 성공하기 위해서는 어릴 때부터 올바른 교육이 바탕이 되어야 한다고 생각했다. 참된 교육을 받지 않으면 제대로 된 뜻을 세울 수 없다고 생각한 것이다. 그래서 자녀들이 어릴 때부터 교육에 힘썼다.

    그러나 사임당은 일곱 남매를 키우면서 야단을 치지 않는, 자애로운 어머니였다. 인내심을 가지고 아이들을 대했다. 율곡이 회상하기를 어머니는 아이들을 책망하는 일 없이 참된 마음으로 천천히 타일러서 스스로 깨우치게 만들었다고 한다.

    사임당은 어떤 방법으로 자녀들에게 인성교육을 했을까?

    사임당은 자신이 읽은 글 중에서 명언이나 명구를 모아서 종이에 크게 적어서 잘 보이는 곳에 붙여 두고 아이들이 수시로 읽을 수 있게 하였다.

주로 공자의 〈논어〉를 읽다가 아이들이 꼭 알아야 할 글이라고 생각되면 그 글을 골라서 적었다. 〈논어〉에는 아이들의 인격 수양에 도움이 되는 글들이 많았다.

이렇게 적어서 붙인 것은 자녀들이 하나라도 집중해서 읽고 마음에 새길 수 있도록 하기 위해서였다. 그러고는 자녀들에게 그 글을 제대로 이해했는지 물어보았다. 이렇게 질문을 하여 아이들이 그저 단순히 글을 읽고 외우는 것이 아니라 그 글의 의미를 스스로 생각하고 이해할 수 있게 하였다. 그런 다음 자녀들이 모두 이해했다고 생각되면 다른 글을 붙여서 읽을 수 있게 하였다.

4.
밥상머리
교육

사임당이 자녀들을 교육시킬 때 썼던 또 다른 방법이 밥상머리 교육이었다. 주로 아침과 저녁에 온 가족이 둘러앉아서 식사를 하면서 옛 성현들의 이야기나 일상에서 일어난 일들 중에서 교육에 도움이 될 만한 것들을 골라서 아이들에게 이야기를 해주는 방법이었다.

이러한 방법은 오래 전부터 소크라테스 등 성현들이 제자를 가르칠 때 쓰던 방법이었다. 제자가 어떤 질문을 하면 스승이 그것에 대답하는 방식이었다. 스승은 질문에 답할 때 모든 답을 즉석에서 전부 알려주는 것이 아니라 제자들이 스스로 깨달을 수 있도록 도움이 되는 말을 해주었다.

사임당 역시 이 방법을 활용해서 일곱 남매를 가르쳤다. 그

녀 역시 모든 답을 자신이 알려주지 않고 아이들이 스스로 깨
달을 수 있게 이끌었다.

고전을
많이 읽어라

　사임당은 인성교육의 하나로 아이들에게 고전을 많이 읽도록 권유하였다. 고전들을 난이도에 따라 쉬운 것부터 읽게 하였다.

　사임당은 그냥 읽으라고 말만 한 것이 아니라 아이들과 같이 고전 읽기 계획서를 짜고 그대로 실천하도록 하였다. 이해력이 조금 부족한 첫째아들 선과 둘째아들 번에게는 조금 쉬운 고전을 읽게 하였고, 셋째 율곡과 막내아들 이우에게는 이것보다 어려운 고전을 읽게 하였다. 시일을 정해놓고 그 시일 안에 읽게 하였다.

　사임당이 자녀들에게 고전을 읽게 한 것은 자녀들의 인성과 감성을 키우기 위함이었다.

244

인성과 감성은 창의력의 핵심이며, 그 시대가 요구하는 인재와 훌륭한 인격자가 반드시 갖추어야 할 능력이었고 물론 앞으로도 그럴 것이다.

사임당이 아이들에게 고전을 읽게 한 또 다른 이유는, 아이들이 고전을 읽다 보면 여러 가지 의문점들이 생기기 때문이었다. 유대인은 자녀가 처음 초등학교에 입학하면, 부모가 아이에게 "선생님에게 궁금한 것은 무엇이든 질문을 해라."라고 가르친다. 반면에 우리 아이들의 부모는 "선생님 말씀 잘 들어라."라고 가르친다. 그래서 우리 아이들은 학교에서 가르치는 대로 받아들이기만 하고 정해진 정답을 찾는 연습만 한다. 하지만 세상의 모든 일에 정해진 정답이 있는 것은 아니다.

〈논어〉에 "사람은 타고난 본성은 거의 비슷하지만 습관에 따라 차이가 생긴다."라는 말이 있다. 태어날 때는 모두 엇비슷하지만 성장하면서 어떤 습관을 가지느냐에 따라서 그 사람의 인생이 조금씩 달라지는 것이다. 즉 습관에 따라서 변화와 성장을 경험할 수도 있고, 그렇지 않을 수도 있다는 것이다. 어떤 의문을 품고 스스로 깨달을 수 있다면 그만큼 성장하게 되는 것이다.

고전은 "왜?"라는 질문을 하게 한다. "어떻게 하는 것이 옳은 것인지 생각하게 한다. 글을 통해서 훌륭한 사람의 말과 행동을 경험하면서 수많은 깨달음을 얻고 올바른 가치관을 갖게 된다.

그래서 사임당은 자녀들에게 고전을 읽게 하여 인성교육을 했다.

사임당이 인성을 강조하여 자녀들을 가르친 결과 자녀들은 어머님의 가르침을 모두 성실하게 지켜 훌륭한 인재들이 되었다. 어머니 사임당의 인성 교육 덕분에 재물을 탐하지 않고 올바른 선비로서, 군자로서 부끄러움이 없는 삶을 살았다.

많은 부모들이 자녀들을 인성이 바른 아이로 키우고 싶어한다. 그리고 효과적인 방법이 있으면 무슨 수를 써서라도 적용하고 싶어 한다. 그래서 한동안 고전 읽기 붐이 일어나기도 했다. 하지만 단기적인 실천은 효과가 없다. 인성은 습관을 만드는 것이기 때문에 꾸준한 노력을 통해 천천히 길러야 한다. 이것이 사임당이 우리에게 주는 인성교육에 대한 메시지다.

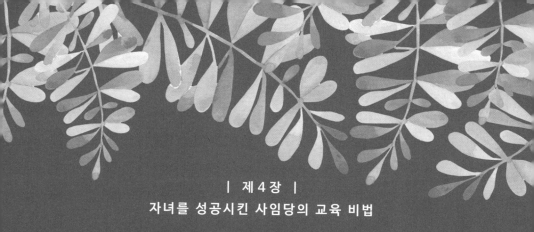

| 제 4장 |
자녀를 성공시킨 사임당의 교육 비법

③
맞춤 교육을
실시하다

집집마다 인테리어가 다르고 분위기가 다르듯이, 한 집안 안에서도 아이들마다 재능과 취미, 성품이 다 다르다. 따라서 아이들의 기질이나 성격에 따라 교육하는 방법을 다르게 하는 것은 너무나도 당연한 일이다.

자녀들의
의욕을 살핀다

자녀들이 성장해 나갈 때, 사임당이 유심히 살핀 것은 자녀들의 의욕이었다. 자녀들마다 하고자 하는 의욕이 달랐다. 맏아들 선은 학문을 하고자 하는 의욕이 없어 보였다. 그래서 어느 날 선을 불러 앉혀놓고 말했다.

"너는 학문에 별로 의욕이 없어 보이는구나."

"네, 어머니. 어머니 말이 맞습니다. 글을 읽기가 싫어요."

그래서 사임당은 과거 시험에 대한 이야기를 해주었다.

"남자는 모름지기 과거에 응시해서 합격해야만 뜻을 이룰 수가 있단다."

그러나 선은 한숨을 쉬며 물었다.

"이렇게 늦은 나이에 공부를 해서 무슨 소용이 있겠어요?"

"아니다. 늦지 않았다. 공자도 네 나이에 학문에 뜻을 두었다. 너도 이제 공자의 말씀처럼 네가 하고자 하는 것에 뜻을 세워라. 우선 〈명심보감〉부터 읽도록 해라. 〈명심보감〉에서 너의 뜻을 찾도록 하여라."

"네, 어머님."

맏아들 선은 이때부터 학문에 뜻을 두고 열심히 공부하였다. 그리하여 41세에 늦게나마 진사시험에 합격할 수 있었다.

맞춤 교육의
방법

    같은 부모 밑에서 나온 형제자매이지만 이들의 성격이나 재능이 모두 다르다. 성질이 급한 다혈질의 아이가 있는가 하면 언제나 조용하고 차분한 성격의 아이들이 있다. 재능 역시 책 읽기를 좋아하는 아이, 음악이나 그림 그리는 것을 좋아하는 아이가 있는가 하면 운동을 좋아하는 아이들도 있다. 이런 다양함 속에서 그 아이의 재능이나 성격에 맞는 교육을 하는 것이 바로 맞춤 교육이다.

    사임당은 우선 성장 시기에 따라서 교육 방법을 다르게 하였다.

    아이가 뱃속에 있을 때는 태교를 통해서 교육을 시켰다. 태교를 위해서 부부가 함께, 보고, 듣고, 말하고, 행동하는 일을 모두 신중하게 했다. 그리고 책을 읽다가 좋은 글이 나오면 뱃속의 아이가 같이 들을 수 있도록 큰 소리로 다시 한 번 낭독하였다.

6세 이전의 유아기 때에는 알아듣지 못하여도 아이들을 위해서 〈천자문〉, 〈명심보감〉과 같은 쉬운 글들을 계속해서 들려주었다.

아이가 성장하여 서당에 다닐 나이가 되면 아이들과 본격적으로 대화를 통해서 가르쳤다. 그날 서당에서 배운 내용이나 그것에 대한 느낌, 생각 등을 물어보면서 배운 것을 다시 생각하고 이해할 수 있게 질문을 통해서 교육을 했다.

청소년기가 되면 본격적으로 재능과 성격에 따른 맞춤 교육을 실시했다. 이 나이가 되면 아이들마다 건강 상태나 재능, 취미 등이 크게 차이가 났다. 사임당은 일곱 명의 자녀들을 모두 가르치고 키우면서 아이들마다 재능과 성격이 다르다는 것을 깨달았다. 그래서 어떻게 하면 이 아이들을 더 잘 가르칠 수 있을까 고심했다. 그리고 고심 끝에 생각해 낸 것이 바로 맞춤 교육이었다. 재능과 성격이 각기 다른 일곱 남매를 모두 다른 것에 중점을 두고 가르쳤던 것이다.

큰아들 선은 건강이 좋지 않아 글을 읽기 위해 오래 앉아 있지를 못했고, 금방 지쳤다. 그래서 글 읽는 것보다 우선 건강을 찾는 것에 중점을 두었다. 나중에 건강을 되찾자 자연스럽게 책 읽는 것에 흥미를 가졌다. 둘째아들 번은 성질이 급하고 밖에 나가서 놀기를 좋아했다. 그래서 글공부보다는 우선 인성 교육에 중점을 두었다. 이에 반해 셋째아들 율곡은 사물을 관찰하는 능력이나 집중력이 좋았고 문장을 기억하는 능력도 탁월하였다. 그래서 집중력과 판단력을 키울 수 있도록 좀 더 난해한 책을 읽게 하였다. 큰딸 매창은 사임당을 닮아서 꽃과 풀, 나무와 같은 자연을 좋아하고 그림 그리는 것을 좋아했다. 그래서 붓과 종이를 사주고 자신의 재능을 마음껏 살릴 수 있게 해주었다.

맞춤 교육의 성과

　부모들은 아이들이 모든 것을 잘하기 바라지만 아이들은 대부분 한두 가지 재능만을 가지고 태어난다. 그래서 이러한 재능을 발견해서 키워주는 것이 맞춤 교육이고 부모들의 역할이다. 사임당은 오백 년 전에 이러한 것을 깨닫고 맞춤 교육을 하였다. 그 결과, 한 집안에서 여러 명의 훌륭한 인물이 나오는 큰 성과를 이루어냈다. 학문 쪽으로는 아홉 번이나 장원 급제를 한 율곡이 있었고, 예술 쪽으로는 시와 그림에 뛰어났던 매창, 그리고 시, 글쓰기, 그림, 거문고에 뛰어나 사절四節이라 불린 우가 있었다.

| 제4장 |
자녀를 성공시킨 사임당의 교육 비법

④
긍정적인 아이로
키웠다

긍정적인 아이는 모든 일을 긍정적으로 바라보고, 긍정적
으로 생각하기 때문에 행복하게 자랄 수 있다. 그래서 부모
들은 아이가 긍정적인 아이가 되기를 바란다. 자녀가 긍정
적인 아이가 되길 바란다면 우선 부모가 자녀들을 긍정적
인 시선으로 바라봐야 한다.

먼저
본보기를 보여 가르쳤다

사임당은 집안의 여러 가지 크고 작은 일들을 하느라 바쁜 와중에도 아이들의 일과표를 함께 만들고 그대로 공부하게 하였다. 그리고 자신도 자신의 일과표대로 책을 읽으면서 아이들이 자연스럽게 옆에 앉아서 공부할 수 있게 하였다.

이렇게 지내던 어느 날 사임당은 막내아들 우를 낳고 과도한 집안일과 남편 때문에 생긴 불만과 스트레스로 병을 얻어 눕게 되었다. 이때 이원수는 사임당보다 열 살 이상 어린 주모를 좋아하고 있었다.

그러자 맏딸인 매창은 누가 시키지 않았는데도 사임당이 평소에 하던 일을 자신이 했다. 할머니를 도와 동생들을 씻기고 어머니가 써준 일과표에 따라 동생들을 가르쳤다. 하루의 일과가 끝나면 동생들과 함께 어머니 방에 들어와 병간호를 하였다. 매창은 할머니가 편찮으셔서 누워 있을 때 어머니가 하시던 대로 간호하였다. 열을 내리기 위해서 대야에 물을 뜨고 수건에 물을 적셔 어머니의 이마에 물수건을 올려놓는가 하면 어머니의 팔다리를 주물러 드렸다. 이런 행동들은 모두 사임당이 했던 행동이었다.

사임당은 이런 식으로 자신이 먼저 행동으로 본보기를 보여 자녀들을 가르쳤다.

자녀들을
긍정적인 시선으로 보았다

사임당이 자녀를 교육할 때 중요하게 생각한 것은 자신이 좋은 부모가 되는 것이었다. 자녀를 억지로 고쳐서 훌륭한 사람으로 만들려고 하는 것이 아니라 사임당 자신이 좋은 본보기가 되려고 했다. 그러면 자녀들은 부모가 주는 무언의 가르침에 감화되어서 저절로 이것을 따라하게 되었다. 부모가 먼저 긍정적으로 생각하고 행동하면 자녀들도 이를 배워서 긍정적인 아이가 되었다.

사임당은 자녀들을 긍정적인 아이들로 키우기 위해서 부모의 입장에서 볼 때 자녀들에게 부족해 보이거나 모자란 점을 꾸짖는 대신에 아이들의 눈높이로 보고 잘한 것을 칭찬해 주었다.

둘째아들 번은 말썽을 자주 일으켰다. 욱하는 성질 때문에 동네 아이들과 싸우는 일이 많았고 할머니에게 자주 야단을 맞았다. 그러나 사임당은 야단을 치지 않았다. 대화를 통해서 잘못한 이유를 알려주고 잘 타일러서 잘못을 깨달으면, 잘못을 깨달은 것을 칭찬하였다.

사임당은 자녀가 잘못을 해도 부정적으로 보지 않았다. 긍정적으로 보았다. 사람은 누구나 잘못을 할 수도 있다고 생각했다. 그 잘못을 깨닫고 고칠 수 있게 해주고 자녀의 입장에서 이해하려고 노력했다.

긍정적인 아이로
만드는 방법

사임당은 아이들을 긍정적으로 만들기 위해서 칭찬을 많이 활용했다. 아직 어린아이들은 다른 사람의 말에 큰 영향을 받는다. 그리고 아이들에게 칭찬의 말을 해주면 아이들은 자기 자신에 대해서 긍정적으로 생각하게 된다. 따라서 칭찬은 어린 자녀들을 긍정적인 아이로 만드는 데 큰 도움이 된다. 구체적인 칭찬의 방법은 다음과 같다.

첫째. 칭찬을 구체적으로 한다. "둘째 번은 착하기도 하지." 라는 식의 추상적인 칭찬은 하지 않는다. 추상적인 말을 사용하면 아이들은 어떤 행동이 바른지, 무엇이 긍정적인 결과를 가져오는지 알 수 없게 된다.

둘째, 사소한 것이라도 칭찬을 한다. 큰일을 잘했을 때에만 칭찬하는 것이 아니라 사소한 일이라도 칭찬받을 만한 일을 했을 때에는 칭찬을 한다. 둘째 번은 말썽을 일으켰지만 잘못을 깨달았다. 이럴 때에도 칭찬을 해주는 것이다.

셋째, 겉으로 드러나는 결과와 상관없이 이루려고 하는 과정을 칭찬한다. 맏아들 선은 과거에 세 번이나 낙방했지만 과거에 반드시 합격하기 위해서 열심히 노력하였고 그 노력하는 모습을 칭찬해 주면 된다.

넷째, 그냥 겉치레로 칭찬하지 않는다. 칭찬을 겉치레로 하면 부모가 나에게 관심이 없다고 생각하기 때문에 오히려 역효과가 생긴다. 항상 진심을 담아서 칭찬하면 자녀들은 칭찬을 받기 위해서 더욱 열심히 노력하게 된다.

존경과 신뢰를 받는 부모가 되었다

　칭찬이 좋은 효과를 내려면 우선 부모가 존경과 신뢰를 받는 부모가 되어야 한다. 그렇지 않으면 아이들은 어떤 말도 부정적으로 받아들이고 믿지 않게 된다.

　부모는 자녀들의 정신적인 기둥이며 울타리다. 말은 하지 않아도 자녀들은 부모를 믿고 의지하며 살아간다. 외부로부터의 피해나 부당한 대우로부터 자신을 보호해주고 어떤 어려움이 생겨도 극복할 힘을 주는 존재로 믿고 의지한다.

　사임당은 자녀들이 부모인 자신을 믿고 따를 수 있게 자녀들에게 정직했고 약속은 반드시 지켰다. 부모의 말에는 거짓이나 과장이 없음을 행동으로 보여주었다. 사임당은 부모를 공경하는 일에서부터 책을 읽거나 그림을 그리는 일까지 자신

이 직접 행동으로 옮기고 그 모습을 자녀들에게 보여줌으로써
자녀들에게 좋은 스승이 되었다. 열 마디의 말보다 한 번 행동
으로 보여주는 것이 열 배의 효과가 있다는 것을 보여 주었다.

⑤
자신감을 갖도록
교육했다

자녀에 대한 칭찬은 다른 아이들과 비교해서 하는 것이 아니고 전과 비교해서 좀 더 나아지고 향상되었을 때 격려하기 위해서 하는 것이다. 자녀에게는 남들보다 뛰어나다는 칭찬이 아니라 노력했다는 칭찬이 필요하다.

칭찬은
자신감을 불어 넣어준다

율곡이 어렸을 때의 일이다. 어느 날 율곡이 자신이 쓴 글을 가지고 사임당에게 왔다.

"어머님, 제가 글을 하나 썼는데, 한 번 읽어주세요."

사임당은 글을 받아 읽어보았다. 그러고는 깜짝 놀랐다. 겨우 일곱 살의 나이에 이런 생각을 하다니……. 이웃 마을에 사는 진복창이란 사람에 대한 글이었다. 진복창은 벼슬이 높고 권세가 높은 집에 사는 사람이었는데 문장도 뛰어나고 글씨도 잘 쓰는 사람이었지만, 간사하고 음흉하다고 소문이 나 있는 사람이었다. 율곡이 쓴 글은 다음과 같은 내용이었다.

"군자는 안으로 덕을 쌓기 때문에 마음이 늘 평온하지만, 소인은 안으로 악을 쌓기 때문에 마음이 늘 편안하지 않은 법이다. 내가 진복창의 사람됨을 보니 속으로는 평온하지 않은 생각을 하면서, 겉으로만 평온해 하는 것 같다. 이런 사람이 권세를 얻게 되면 그 때의 재난은 참으로 헤아리기 어렵도다."

실제로 후에 진복창은 윤원형의 심복이 되어서 을사사화 때 많은 선비들을 죽였다. 결국 윤원형마저 그를 음흉한 사람이라고 평하였고 파직되어 유배되었다.

사임당은 겨우 일곱 살 나이에 이런 글을 쓰는 이이가 대견했지만, 무엇보다 글에 자신이 평소 가르친 가치관이 들어 있어서 참으로 대견했다.

"너의 생각이 참 기특하구나. 그런 생각을 남을 비판할 때에만 쓰지 말고 네 자신을 성찰할 때에도 가지도록 해야 한다."

"네, 어머니."

사임당은 이렇게 칭찬해 줌으로써 자녀들이 자신감을 가지고 더욱 잘할 수 있게 했다. 그리고 현실에 만족하지 않고 더 나아질 수 있게 격려했다.

자신감을
키우는 방법

　자신감이란 자기가 자신을 믿을 수 있을 때 나오는 것이다. 자녀들이 자신을 믿을 수 있으려면 도전을 통해서 자신의 힘으로 성공을 경험해야 하고, 부모가 칭찬을 통해서 자녀들이 잘하고 있다는 것을 확인시켜 주어야 한다. 이렇게 하면 자녀들은 자신에 대한 믿음이 조금씩 쌓이게 된다.

　따라서 부모는 자녀들이 실패하는 것을 두려워해서는 안 된다. 자녀들이 실패할까 봐 부모가 대신 해주면서 도전할 기회조차 주지 않는다면 자녀들은 성공을 경험하지 못하고 부모에게 의존하는 아이가 된다. 만약에 자녀가 도전을 하다가 실패하더라도 그것을 비난하지 말고 다시 도전할 수 있게 격려해 줘야 한다.

그리고 도전에 성공했거나 노력을 해서 조금이라도 발전한 모습이 보이면 이때 칭찬을 해주면 된다.

결국 부모가 자신감을 가지고 자녀들을 키워야 자녀들도 자신감을 가질 수 있는 것이다.

아이들마다
다른 칭찬 방법

사임당은 일곱 남매를 키우면서 아이들마다 자신감의 정도가 다르다는 것을 알았다. 그래서 자신감 정도가 낮은 아이와 보통인 아이, 그리고 강한 아이들을 구분해서 칭찬했다.

맏아들 선은 자신감이 보통 정도였다. 대체적으로 긍정적이고 낙천적이었지만 몸이 약해서 쉽게 포기하다 보니 실패를 자주 경험했다. 그래서 자신에 대해서 부정적인 시선을 갖고 있었고 자신감이 어느 정도 부족했다는 것을 알 수 있다. 사임당은 선에게 과거 시험에 낙방할 때마다 비난을 하지 않고 충분한 격려를 해주었고 칭찬으로 용기를 불어넣어 자신감을 더 갖게 하였다. 그리하여 과거에 여러 번 낙방하였지만 좌절하지 않았고 계속 도전하여 결국 과거 시험에 급제하게 되었다.

둘째아들 번은 자신감이 가장 낮았다. 말썽을 많이 부려서 꾸중을 많이 들어 자존감이 부족한 데다가 실패가 두려워 새로운 것에 도전하기를 꺼렸고 작은 어려움에도 쉽게 포기하려고 했다. 자신이 기대한 만큼의 결과가 나오지 않으면 쉽게 실망하고 좌절했다. 사임당은 이런 번을 부정적인 시선으로 보지 않고 실패는 누구나 할 수 있다는 것을 알려주었고 인내심을 키워주었다. 자신의 장점을 찾아보고 할 수 있다는 긍정적인 마음을 갖도록 칭찬하였다. 사임당의 이러한 노력으로 번은 우애가 깊었고 형이 죽자 그의 가족들을 자신의 가족처럼 봉양하였다고 한다.

셋째아들인 율곡은 가장 자신감이 넘쳐보였다. 어려서부터 남다르게 영특했던 율곡은 도전하는 것을 두려워하지 않았으며 자신의 장단점도 잘 알고 있었다. 그래서 사임당은 셋째아들 율곡에게는 오만하지 않고 겸손하도록 가르쳤다. "네가 글을 잘 읽고 시를 짓는 솜씨가 아무리 뛰어나다고 해도 행여 남을 업신여긴다면 아무 쓸데없는 사람이 될 뿐이다."라고 강조하여 사람 됨됨이가 가장 큰 자본임을 가르쳤다. 그 결과 율곡은 높은 관직에 올라서도 항상 겸손하였다.

⑥
공감을 함께 나누는
대화를 통해 가르쳤다

대화는 기본적으로 자신의 의사와 감정을 전달하는 수단
이지만, 때로는 다른 사람을 칭찬하고 격려하는 수단이 될
수도 있고, 무엇보다도 느낌을 공유하고 소통하면서 함께
공감을 나눌 수 있는 수단이다.

대화의 시작은
공감으로

어느 날 사임당은 큰딸 매창이 그림을 그리고 있는 것을 한참 동안 바라보고 있었다. 매창은 어머니의 재능을 닮아서 어려서부터 그림솜씨가 뛰어났다. 매창은 그림을 바라보고 있는 어머니를 향해 말했다.

"어머니, 저는 그림을 그릴 때 그림 속의 나무와 풀이 점점 자라나는 거라고 생각을 하면서 그려요."

그 말을 들은 사임당은 조금도 주저 없이 말했다.

"아, 그렇구나! 어쩐지 그림을 계속 보고 있으니 그림 속에 있는 나무와 풀들이 살아서 점점 크게 자라는 것처럼 보였단다."

매창은 어머니가 "그림 속의 나무와 풀이 어떻게 자라느냐?"라고 말할 줄 알았다가 뜻밖에도 자신의 생각에 공감을 해주자 반가운 듯이 큰 소리로 말했다.

"어머니도 그런 생각이 들어요?"

"그래, 그렇단다."

이렇게 두 모녀는 서로 공감을 나누면서 대화를 나누었다.

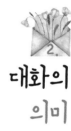

대화의
의미

　사임당은 자녀들과 자주 대화를 나누었다. 식사 시간에 하는 밥상머리 이야기를 비롯해서 수시로 아이들을 불러서 대화하는 시간을 가졌다. 사임당에게 이런 대화 시간은 자녀들과 소통하는 시간이었다. 아이들의 생각과 마음을 알아보고 자신의 뜻을 알릴 수 있는 시간이었다.

　사임당에게 이런 대화 시간은 자녀들을 가르치는 시간이었다. 글을 읽게 한 다음 그 글의 의미나 느낌을 물어서 아이들이 스스로 이야기할 수 있게 하였다. 아이들은 이런 대화를 통해서 새로운 지식을 익히고 지혜를 키웠다.

　또한 공감을 나누는 시간이었다. 어느 한쪽이 일방적으로 자신의 생각만을 말하는 것이 아니라 한 명씩 자신의 생각과 느껨을 말하면서 공감을 함께 나누는 시간이었다. 어떤 일이나 문제에 대한 아이들의 진심을 알아보고 자신의 마음을 전하여 서로의 마음을 알아가는 시간이었다. 이렇게 공감하는 시간을 가지면 한층 더 관계가 친밀해지는 것을 느낄 수 있었다.

사임당은 이런 대화를 하는 도중에 자신의 느낌과 체온을 전달하는 수단으로 스킨십을 같이 사용하였다. 아이들에게 사랑을 전달하고 고마움을 표시하는 좋은 방법이었다. 이야기를 하면서 손을 잡거나 머리를 쓰다듬었다. 자신의 감정과 느낌을 직접적으로 전달하기 위해서였다. 사임당은 어머니로서의 애정을 표시하였고, 자녀들은 어머니의 그윽한 사랑을 느꼈다.

이런 대화들을 통해서 어머니와 자녀들은 따뜻한 정을 함께 키워나갔다. 그리고 이 정은 어려운 집안 형편과 힘든 세파를 극복해 나가는 데 커다란 힘이 되었다.

3.
경청으로
시작하다

사임당은 자녀들을 불러서 일방적으로 훈계를 하거나 야단 치는 일이 없었다. 항상 자녀들의 이야기를 먼저 들으려고 노력했다. 그래서 자녀들은 어머니가 부르면 두려워하지 않고 모였다.

대화를 효과적으로 하려면 말하는 것이 아니라 듣는 것에 중점을 둘 필요가 있다. 대화의 황금률은 흔히 7:3이라고 한다. 듣는 것이 7, 말하는 것이 3이다. 이렇게 경청을 하게 되면 아이들에게 지금 필요한 것이나 궁금한 것 등을 잘 알 수 있고 그러면 비로소 그것을 채워 주거나 가르쳐 줄 수 있는 것이다.

또한 자녀들의 이야기를 경청해 주는 것은 부모가 나를 신뢰하고 사랑하고 있다는 것을 자녀들에게 알려주는 가장 좋은 메시지가 된다. 그래서 사임당은 자녀들을 불러 놓고 일방적으로 훈계나 지시를 하지 않고 한 명씩 이야기를 하게 한 다음 아이들의 이야기를 잘 들어주었다. 그리고 나서 자녀의 입장에서 이해하고 잘한 일은 칭찬하고 마지막으로 훈계를 하였다.

4.
대화할 때
자녀에 대한 자세

사임당은 대화할 때 자녀들을 한 개인으로서 존중해 주었다. 자녀들의 말 하나하나를 한 귀로 흘려서 듣지 않고 진지하게 하나하나 경청하며 들었다. 사임당이 자녀에게 성실하게 대하면 자녀는 자신의 감정, 생각 등을 솔직하게 나타내었다. 누구나 자신의 이야기를 잘 듣고 자신에게 공감해 주는 사람에게 마음의 문을 열기 마련이다. 그래서 둘째아들 번은 할머니에게 야단맞은 것이 자신이 잘못했기 때문이라는 자신의 솔직한 감정을 사임당에게 털어놓았다.

다음으로는 대화할 때 자녀의 세계에 들어가서 같이 느끼고 생각하려고 했다.

자녀와 진지한 대화를 하기 위해서는 어느 정도 이상의 대화를 미리 나누어 서로를 잘 알고 있어야 한다. 그래야 말의 이면에 들어 있는 자녀의 마음을 제대로 이해하고 공감할 수가 있다.

자녀의 마음을 제대로 이해하고 공감하기 위해서는 자녀의 세계에 들어가야 한다. 자녀의 세계에 들어간다는 것은 자녀와 같은 느낌을 느끼고, 같은 생각을 한다는 것이다.

하지만 자녀와 같은 느낌, 같은 생각을 갖는다는 것은 그리 쉬운 일이 아니다. 보통 부모들은 부모 자신의 선입견과 편견에 집착되어 있기 때문에 이런 것들을 버리기가 쉽지 않다. 그리고 대부분의 경우 자신의 생각이나 느낌, 가치, 도덕관을 통해서 자녀들을 이해하려고 한다. 이것은 진정한 의미의 이해가 아니다.

사임당은 자녀가 하는 이야기를 주의 깊게 듣고 그 의미와 감정, 느낌을 알아내려고 노력하였다. 자녀가 하는 말을 관심을 가지고 듣고, 자녀의 동작, 얼굴 표정, 눈빛 등을 주의 깊게 살피면서 자녀의 입장에서 이해하려고 했다.

이해하고 이해받는 공감을 통해서 가르치면서 어떤 부모도 하지 못한 훌륭한 교육을 할 수 있었던 것이다.